從佛洛伊德到費曼，歷史上那些塑造現代世界的關鍵人物

跟隨者

大師的足跡

Giant

足跡

20 世紀科學革命

他們的貢獻不該被世人忘記｜他們的足跡不該被歲月抹去

從倫琴的 X 射線到愛因斯坦的相對論
再從瑪里·居禮的放射性元素到圖靈的電腦科學
以豐富資料生動敘述，使歷史偉人的形象躍然紙上
50 位大師的生平故事和著作成就，改變了 20 世紀科技與思想

陳志謙
陳樂濛
編著

目錄

目錄

目錄

序

　　我認識陳志謙教授雖然時間不長，但他身為理工科教授，對歷史的了解和分析之獨到早就讓我留下深刻印象。那是 2018 年 5 月在第一屆國際薄膜學會研討會上，志謙教授作為東道主和特邀嘉賓，他別開生面的歡迎詞，圖文並茂，把當地的前世今生、歷史人物講得栩栩如生，為來自幾個國家和地區的學者們上了一堂生動的歷史課。雖然有這個經歷作為鋪墊，當志謙教授發給我他這一本大作的時候，我還是驚訝不已。驚訝的原因有二：一是他的「不務正業」，一個理工科教授竟然在歷史、文學上也有如此多的看法；二是這本書從西元前 600 多年的古希臘「第一天才」泰利斯開始到 2013 年去世的兩次獲得諾貝爾化學獎的桑格，跨度之大，幾近 3,000 年。大師級歷史人物浩如煙海，從中篩選出「大師」加以描述，工程之浩大，難以想像。如今書成，實在不易。付印之際，首先送上我的祝賀。

　　這本書以一個科學家的眼光和角度對在人類文明史上做出過傑出貢獻的 230 位巨匠／大師做了介紹，長短不一，有的詳細一些，有的重點突出、細節略過。畢竟這不是人物傳記，這樣處理，重在「腳印」，緊扣主題。相關歷史重大事件和相關歷史人物分別附於不同的大師後面，更增加了本書的寬度與廣度。全書以時間為主線，人物描寫以貢獻為重點，不偏頗中外，文字樸實流暢，敘述中也有評論，讀來像故事又像科普。其間穿插的人物畫像、插圖很有價值，對人物事件的了解頗有裨益。

　　本書不僅適合青少年了解歷史了解人類文明史，對非歷史系的大學
生、研究生，包括對成年人都不失為一本好書。書中的人名索引及時間
軸是對讀者貼心的設計，方便迅速查詢、對比以及研究。

　　願讀者朋友們沿著大師們的足跡穿越 3,000 年時空，橫跨東西、縱
及南北，享受一次人類文明史的饗宴。

國際薄膜學會會長、新加坡南洋理工大學終身教授

張善勇（Sam Zhang）

前言

在人類文明進化發展的數千年歷程裡，有這樣一群人，他們對科學的發展、文化的進步或思想的啟蒙有著強大的推動作用。在這裡，他們被稱為大師。

還有一些人，他們具有卓絕的想像力、創造力和「力比多」（原生覺悟），他們橫空出世，忽而在天空留下一抹驚豔。他們是天才。

大師往往天賦極高，很多大師是天才。天才的創造力和想像力與生俱來，是無法透過學習得來的。但天才不一定成得了大師。除去天賦外，大師往往受過苦難與挫折，最後戰勝困難，或開啟一個門派，或建立一門學科，或登上頂峰一覽眾山。而天才往往像雨後的彩虹一樣，美麗但短暫，曇花一現，受不了苦難甚至挫折。一旦遭遇苦難，大多夭折。

本書所描述的大師、巨匠或天才，只是那些為人類做出積極的、極大的貢獻，在某個或多個領域有重大創造，其作品、著作或研究成果對人類文明產生了重大而深遠的影響，改變了一個領域的整體面貌或者在科學領域掀起革命的歷史人物。

有的大師像路標，指引後人前進；有的像燈塔，照耀著文明進步的航道。本書無法敘述歷史長河中多如牛毛的巨星，只選擇了少數在思想、科學領域，特別是天文學、數學和物理學領域的大師或天才。

在這些大師或天才中，有的自成鼻祖，有的因為一個發現或發明照亮世界或挽救了無數人的生命；有的是少年成才，有的卻大器晚成；有

的信手拈來便是發現，有的靠堅定、堅持、堅韌做出發明；有的低調嚴謹，有的刻板孤僻；有的過得像花花公子，有的活得像苦行僧；有的衣冠楚楚、儀表堂堂，有的相貌猥瑣、舉止扭捏；有的性情溫和、寬宏大度，有的敏感多疑、尖酸刻薄；有的門庭顯赫、終生富有，有的家境貧寒、遍嘗薄涼；有的慷慨大方，有的斤斤計較；有的好高騖遠，有的安分守己；有的重道，有的專術……但他們都有一個共同之處，即他們都在所處的時代甚至整個文明史上登峰造極、踏石留痕。有些巨人的足印至今仍清晰可見，但隨著時間的流逝，也有一些巨人的足印已經模糊不清。他們的貢獻不應該被世人忘記，他們的足跡不應該被歲月抹掉。我們小心翼翼地把他們的足印拓下來，有的採下一步，有的載下一串，無論多少，都值得珍藏。

這些大師、巨匠或天才，像一顆顆璀璨的珍珠，靜靜地躺在歷史長河的沙灘上。我們小心地、一顆一顆地將它們撿起來，捧在手裡，卻總要掉落。作者只好用一根繩子，永恆的時間的繩子，將它們串成一條珍貴的項鍊。這樣，我們便可以把這串珍珠項鍊掛在脖子上，心滿意足地帶走了。

作者的願望是使本書知識性、趣味性和探索性並存，力圖寫出大師間的恩怨情仇，以及他們受時代和社會的影響。這也決定了它不會是讀起來輕鬆，讀完後放鬆的一本書。在書中，描寫各位大師的篇幅不一，長短不限。長的數千字，濃墨重彩；短的僅數百字，輕描淡寫。有的僅按年序簡單地記錄大師們的生平，或貢獻，或聲音，或文字，有的卻盡可能記述他們的時代以及彼此的關係和影響。眾多歷史事件或一些關聯人物也盡可能附在最早出現的某位大師後面，如泰利斯後面附上學派和古希臘七賢，希帕索斯後面附的是數學危機，王羲之後面附上顏真卿和

柳公權，桑格後面附的是人工合成牛胰島素等。書中人物眾多，記述的大師和天才共 230 多位，出現的有名有姓者達 600 多。早期（古希臘和古羅馬時期）的大師和天才，他們的生辰可能不會太準確，但不影響他們的順序。閱讀時不妨分成一些有關聯的人物群，如：①畢達哥拉斯、亞里斯多德、歐幾里得，②老子、孔子、莊子，③阿里斯塔克斯、喜帕恰斯、托勒密，④韓愈、劉禹錫、柳宗元，⑤歐陽脩、王安石、沈括、蘇東坡，⑥哥白尼、伽利略、克卜勒，⑦虎克、牛頓、萊布尼茲，⑧尤拉、高斯、柯西，⑨普朗克、愛因斯坦、勞厄，⑩薛丁格、德布羅意、桑格等。這樣可從看似散亂的眾多人物中提綱挈領，也可從任一時期的某位大師開始閱讀，不必拘泥前後順序。

作者想像的讀者可能是這樣的。在一個下著小雨的下午，讀者走進書店，有緣地從書架上抽出這本書。看著封底的介紹，感覺內容有點多，但不明就裡，想知道到底有些什麼內容，於是就買回了家。晚上開始閱讀，覺得還有點意思，但不像一些休閒書籍讀起來那麼輕鬆，於是放下了。過幾天後又想起本書，再次捧讀，被大師們的事蹟、言論或語錄所吸引。手不釋卷，讀兩千多年來文明路上的潮起潮落；含英咀華，看大師巨匠的沉浮人生與絕代風騷。

第五篇
20 世紀的巨擘

篇首

20 世紀，是風雲際會的世紀。19 世紀末物理學上空的兩朵烏雲，看上去像兩隻「黑天鵝」，到最後卻變成兩頭「灰犀牛」。剛建起的經典物理學的大廈，在它們的撞擊下似乎搖搖欲傾。無數的物理學家試圖力挽狂瀾於既倒、扶大廈之將傾，也有人自感無力回天、悲觀絕望。

20 世紀的頭一年，1900 年，已經快要過去了，但整個物理學界似乎對兩朵烏雲仍束手無策。一個曾經音樂天賦過人的少年，在選擇未來職業時沒有聽從老師的勸告，毅然選擇了物理學，他就是普朗克。1900 年 12 月 14 日，普朗克在柏林的物理學會上宣讀了他關於其中一朵烏雲的論文 ——「論正常光譜的能量分布定律的理論」，提出了著名的普朗克公式，宣告了量子論的誕生。他告訴我們，世界是不連續的，儘管他自己都不信。那一年他已經 42 歲了。

也是在 1900 年，一文不名的愛因斯坦從蘇黎世聯邦工業大學（ETH）畢業，一個畢業就失業的黯淡前途正等待著這位不修邊幅的年輕人。兩年後經人引薦才被瑞士伯爾尼專利局僱用，又過了兩年，即 1904 年，才由專利局的試用人員轉為正式三級技術員。誰能想得到，1905 年（被稱為奇蹟年），26 歲的他發表了三篇論文。其中一篇驚世駭俗，其程度之深，以致十多年後諾貝爾獎都不敢授予這篇後來稱為「論動體的電動力學」（狹義相對論）的論文；而只好授給了另一篇那時大家相對接受一點的關於光量子（解釋光電效應）的論文。沒想到他一點也不收斂，幾年後又推出至今都讓大多數人看不明白的廣義相對論。

自古英雄出少年。

3 歲時還不會說話的愛因斯坦，1905 年建立狹義相對論時，26 歲。

口齒笨拙讓人以為天生口吃的尼爾斯‧波耳，1913 年提出原子結構理論時，28 歲。

德布羅意 1923 年提出物質波，31 歲。

海森堡 1925 年創立矩陣力學時 24 歲，1927 年提出測不準原理時 26 歲。

狄拉克成名時 23 歲，古德施密特 23 歲，約爾旦 23 歲，包立 25 歲，烏侖貝克 25 歲，……

36 歲的薛丁格、42 歲的普朗克、43 歲的玻恩，應該算大器晚成了。

新物理學就由這一群天才搖旗吶喊、攻城拔寨，在 20 世紀的頭 30 年裡，一步一步地建立起來。

但是所有人都沒想到，一個本來和這些天才無關的人，卻用了一根看不見的線，把他的名字和這些天才牢牢地綁在一起。他就是阿佛列‧諾貝爾。

所有人都不知道，包括倫琴自己也不知道，5 年前他發現的不知名的射線，他謙虛地把它稱為 X 射線，能在一年後獲得首屆諾貝爾物理學獎。

第五屆索爾維會議（遺憾的是索末菲和約爾旦缺席）

20 世紀（特別是上半葉），是物理學突飛猛進的發展時期。物理學大師，他們的光輝，常常壓住了其他領域的巨星。

20 世紀，有三位大師組成一個奇妙的鐵三角，他們是普朗克、愛因斯坦和勞厄。普朗克與勞厄情同父子，愛因斯坦與勞厄情同手足，而普朗克更是愛因斯坦的導師和知音。他們的故事不得不說。

20 世紀後半葉，分子生物學，得益於物理學中建立的新技術，也日新月異。

20 世紀後半葉，還是電腦高速發展和人工智慧蹣跚起步的時期。

181
倫琴（西元 1845 年－ 1923 年）

諾貝爾物理學獎第一人。

> 威廉・倫琴（Wilhelm Röntgen），西元 1845 年（清道光二十五年，乙巳蛇年。法拉第發現「磁光效應」）出生於德國萊茵州萊耐普城，物理學家。

他發現了 X 射線，為開創醫療影像技術鋪平了道路，1901 年被授予首次的諾貝爾物理學獎。這一發現不僅對醫學診斷有重大影響，還直接影響了 20 世紀許多重大科學發現。例如安托萬・亨利・貝克勒就因發現天然放射性，與居禮夫婦共同獲得了 1903 年的諾貝爾物理學獎。到今天，為了紀念倫琴的成就，X 射線在許多國家都被稱為倫琴射線，另外第 111 號化學元素 Rg 也以倫琴命名。

西元 1895 年 11 月夜晚，倫琴發現了一個意外的現象：他在繼續實驗時為防止紫外線和可見光的影響，不使管內的可見光漏出管外，用黑色硬紙板把放電管嚴密封好。在接上高壓電流進行實驗時，他發現 1 公尺以外的一個塗有氰化鉑酸鋇的螢光幕發出微弱的淺綠色閃光，一旦斷開電源，閃光也立即消失。這一發現使他十分驚奇，他全神貫注地重複實驗，把螢光幕一步步移遠，即使距 2 公尺左右，螢幕上仍有較強的螢光出現。當他帶著這張油漆紙走進隔壁房間，關上門，拉下窗簾，螢光幕在管子工作時仍繼續閃光。當時，倫琴確信，這一新奇的現象是迄今

為止尚未觀察過的。

在西元 1895 年最後的幾個星期中，他沒有對任何人講述自己的觀察，無論是合作者還是同行。倫琴獨自工作，以便證實這個偶然的觀察是確定的事實。然後他又用木板、紙和書來試驗，這些東西對它來說都是透明的。作為一位謹慎的研究者，倫琴當時感受到的是新的、尚未經歷過的東西；他希望在提出「完美無瑕的結果」之後才去享受這突如其來的幸福，像倫琴後來所說的那樣，這突然降臨到他頭上的「偉大的命運」。在七個星期之內，這位科學家獨自在自己的實驗室裡研究新的射線及其特性，為了排除視力的錯覺，他利用感光板把他在光屏上觀察到的現象記錄下來。他甚至把飲食帶到研究所去，並在那裡安放了一張床鋪，以便無須中斷利用儀器、特別是利用水銀空氣幫浦進行的研究工作。

西元 1895 年 12 月的一個晚上，他說服他的夫人充當實驗對象，當他夫人的手放在螢光幕後時，她簡直不敢相信，螢光幕上這隻有戒指和骨骼畢露的造影就是她自己的手，這種實驗對倫琴夫人，也像以後對許多人一樣，彷彿產生了一種死亡的徵兆。

倫琴深信他的觀察是證據確鑿的，他確信自己已發現了一種新的神祕射線；西元 1895 年 12 月 28 日，他向維爾茨堡物理學醫學學會遞交了一份認真、簡潔的通信，題目為「一種新的射線，初步報告」。那時的倫琴對這種射線是什麼還不了解，這就是他在第一個通報中按代數上的未知數符號「X」命名的原因。倫琴在發現這種射線後說道：「起初，當我做這個穿透性射線的發現時，它是這樣奇異而驚人。我必須一而再、再而三地做同一實驗，以絕對肯定它的實驗存在。除去實驗室中這個奇怪的現象之外，別的我什麼也不知道。它是事實還是幻影？我在懷疑和希望

之間弄得筋疲力盡，也不想讓其他思想干擾我的實驗。」

西元 1896 年年初，倫琴把他的新發現公之於眾，立即引起了極大的轟動。其反應之強烈，影響之迅速，實為科學史上罕見。所有研究機構的物理學家都開始仿造倫琴的實驗裝置，抓緊時間重複他的實驗。倫琴陸續收到了威廉‧湯姆森、斯托克斯（George Stokes）、龐加萊、波茲曼等著名科學家的來信，這些熱情洋溢的信都讚揚他為科學作出了極大的貢獻。倫琴曾是科學「普及」的反對者，他擔心科學成就將庸俗化。由於這個原因，他自己從未向廣大聽眾作通俗普及的報導或報告。西元 1896 年 1 月，倫琴在他的研究所舉行了第一次也是唯一一次的公開報告會。在這次的報告會上，倫琴請求用 X 射線拍攝維茨堡大學著名解剖學家克利克爾（Köllicker）的一隻手，克利克爾欣然同意了這個請求。過了片刻，拍好的乾板經過顯影以後顯示出一位八十歲老人形狀優美的手骨。這時全場響起了暴風雨般的掌聲，克利克爾立即建議把這種射線命名為「倫琴射線」。同年 9 月舉行的英國科學促進協會年會上，協會主席萊斯特提出「按首先明確地向世界揭示它們的人命名」。後來，著名物理學家羅蘭（Rowland）認為：「應該把『倫琴射線』和『X 射線』的名稱並用。」這就是現在兩種名稱混用的原因，同時把 X 射線（或 γ 輻射）的照射劑量的單位稱為「倫琴」。但倫琴說：「假如沒有前人的卓越研究，X 射線的發現是很難實現的」。

1901 年他成為第一位諾貝爾物理學獎得主，他立即將此項獎金轉贈威茨堡大學物理研究所，添置裝置。此後根據非正式的統計，他生前和去世後所獲得的各種榮譽不下 150 項，若對倫琴的成就作出評價是很困難的。

倫琴的工作是在簡陋的環境中完成的。一個不大的工作室，窗下是

張大桌子，左側是個木架子放著日常用品，前面是火爐，右側放著高壓放電儀器，這就是人類第一次進行 X 射線試驗的地方。倫琴一生謙虛謹慎，從不居功自傲，他以一名普通科學研究人員的身分進行教學和科學研究工作。他的 X 射線研究工作從當前的水準來看，已非常完整。他謝絕了貴族的稱號，不申請專利，不謀求贊助，使 X 射線的應用得到迅速發展和普及。

1923 年 2 月倫琴在慕尼黑逝世。

182
克萊因（西元 1849 年－ 1925 年）

現在大多數人認識他是因為克萊因瓶。

菲利克斯·克萊因 (Felix Klein)，西元 1849 年（清道光二十九年，己酉雞年。裴多菲〔Petőfi Sándor〕、蕭邦〔Frédéric François Chopin〕逝世）生於德國杜塞道夫，數學家，1925 年 6 月 22 日卒於哥廷根。

　　克萊因在杜塞道夫讀的中學，畢業後，他考入了波恩大學學習數學和物理。他本來是想成為一名物理學家，但是數學教授普呂克 (Julius Plücker) 改變了他的主意。西元 1868 年克萊因在普呂克教授的指導下完成了博士論文。在這一年裡普呂克教授去世，留下了未完成的幾何基礎課題，克萊因是完成這一任務的最佳人選。後來克萊因又去服了兵役。西元 1871 年，克萊因接受哥廷根大學的邀請擔任數學講師。西元 1872 年他又被埃爾朗根大學聘任為數學教授，這時他只有 23 歲。西元 1875 年他在慕尼黑高等技術學院獲得了一個教席。西元 1880 年－ 1886 年任萊比錫大學教授。西元 1886 年，克萊因接受了哥廷根大學的邀請來到哥廷根，開始了他的數學家的生涯，他在這裡直到 1913 年退休。西元 1872 年－ 1895 年任哥廷根數學年刊主編，倡導編輯《數學百科全書》並編寫了其中的第 4 卷。

　　他的主要課題是非歐幾何、群論和函數論。他的將各種幾何用它們

的基礎變換群來分類的埃爾朗根綱領的發表（西元 1872 年在埃爾朗根大學就職正教授的演講）影響深遠：是當時數學內容的一個綜合。著作有《高觀點下的初等數學》(*Elementary Mathematics from an Advanced Standpoint*)。

　　克萊因在數學上作出的第一個貢獻是在西元 1870 年與索菲斯‧李（Sophus Lie，西元 1842 年－ 1899 年）合作發現的庫默爾面上曲線的漸近線的基本性質。他進一步與李合作研究 W 曲線。西元 1871 年克萊因發表了兩篇關於非歐幾何的論文，論文中證明了如果歐氏幾何是相容的，那麼非歐幾何也是相容的。這就把非歐幾何置於與歐氏幾何同樣堅實的基礎之上。克萊因在他的著名的埃爾朗根綱領中，以變換群的觀點綜合了各種幾何的不變數及其空間特性，以此為標準來分類，從而統一了幾何學。今天這些觀點已經成為大家公認的標準。變換在現代數學中扮演著主要角色。克萊因指明了如何用變換群來表達幾何的基本特性的方法。

　　而克萊因自己認為他對數學的貢獻主要在函數理論上。西元 1882 年他在一篇論文中用幾何方法來處理函數理論並把勢論與保形對映相連起來。他也經常把物理概念用在函數理論上，特別是流體力學。

　　克萊因對大於四次的方程式特別是用超越方法來解五次的一般方程式感興趣。在埃爾米特（Charles Hermite，西元 1822 年－ 1901 年）和克隆內克（Kronecker，西元 1823 年－ 1891 年）建立了與布里奧斯奇類似的方法之後，克萊因立刻就用二十面體群去試圖完全解決這個問題。這個工作導致他在一系列論文中發表了對橢圓模函數的研究。

　　西元 1884 年，克萊因在他的一本關於二十面體的重要著作中，得到了一種連線代數與幾何的重要關係，並發展了自守函數論。他和一位來

自萊比錫的數學家羅伯特‧弗里克（Robert Fricke）合作出版了一套 4 卷本的關於自守函數和橢圓模函數的著作，這套著作影響了以後 20 年。

西元 1885 年克萊因被英國皇家學會選為外國會員，並授予科普利獎章。

1908 年克萊因被國際數學學會選為在羅馬召開的數學家大會主席。

克萊因曾任哥廷根天文臺臺長，高斯的另一個後繼者。克萊因對代數作出了重要貢獻，但普通人更熟悉的是克萊因瓶。

克萊因瓶

西元 1882 年，克萊因發現了後來以他的名字命名的著名「瓶子」── 克萊因瓶（Klein bottle）。是指一種無定向性的平面，比如二維平面，沒有「內部」和「外部」之分。在拓撲學中，克萊因瓶是一個不可定向的拓撲空間。克萊因瓶的結構可表述為：一個瓶子底部有一個洞，然後延長瓶子的頸部，並且扭曲地進入瓶子內部，最後和底部的洞相連線。和我們平時用來喝水的杯子不一樣，這個物體沒有「邊」，它的表面不會終結。它和球面不同，一隻蒼蠅可以從瓶子的內部直接飛到外部而不用穿過表面，即它沒有內外之分。

183
巴夫洛夫（西元 1849 年－ 1936 年）

說到巴夫洛夫，人們馬上就條件反射。

> 伊凡・彼得羅維奇・巴夫洛夫 (Ivan Petrovich Pavlov)，西元
> 1849 年出生於俄國中部小城梁贊。生理學家、心理學家、醫師、
> 高級神經活動學說的創始人，高級神經活動生理學的奠基人。條
> 件反射理論的建構者，也是傳統心理學領域之外而對心理學發展
> 影響最大的人物之一。1904 年獲諾貝爾生理學或醫學獎，是第一
> 位在生理學領域獲諾貝爾獎的科學家。

西元 1870 年他和弟弟一起考入聖彼得堡大學，先入法律系，後轉
到物理數學系自然科學專業。謝切諾夫 (Ivan Sechenov) 當時正是這裡的
生理學教授，而年輕的門得列夫則是化學教授。巴夫洛夫在大學的前兩
年表現平凡，在大學三年級時上了齊昂 (Ilya Cyon) 教授所開授的生理學
課，對生理學和實驗產生了濃厚興趣。為了使實驗做得得心應手，他不
斷練習用雙手操作，漸漸地相當精細的手術他也能迅速完成，齊昂很欣
賞他的才學，常常叫他當自己的助手。在齊昂的指導下，西元 1874 年，
他和同學阿法納西耶夫 (Afanasyev) 完成了第一篇科學論文「論支配胰腺
的神經」，獲得研究金質獎章。

西元 1875 年，巴夫洛夫獲得了生理學學士學位，再進外科醫學學院
攻讀醫學博士學位，以使將來有資格去主持生理學講座。在此期間他成

為自己老師的助教。西元 1878 年，他應俄國著名臨床醫師波特金（S. P. Botkin）教授的邀請，到他的醫院主持生理實驗工作。

西元 1878 年開始，巴夫洛夫重點研究血液循環和神經系統作用的問題。當時，神經系統對於許多器官的支配和調節作用還沒有被人們清楚地認識。他發現了胰腺的分泌神經。不久，他又發現了溫血動物的心臟有一種特殊的營養性神經，這種神經只能控制心跳的強弱，而不影響心跳的快慢。後來科學界人士把這種神經稱為「巴夫洛夫神經」。

西元 1884 年－ 1886 年，赴德國萊比錫大學路德維希研究室進修，繼續研究心臟搏動的影響機制。此時，他提出心臟跳動節奏與加速是由兩種不同的肌肉控制，而且是由兩種不同的神經在控制。西元 1886 年，他自德國歸來後重回大學實驗室，繼續進行狗的「心臟分離手術」。西元 1887 年，他逐漸將研究的方向轉向人體的消化系統。

因為巴夫洛夫在消化腺的生理機制的研究而獲諾貝爾生理學或醫學獎。他是第一個享受這個榮譽的俄國科學家。

184
貝克勒（西元 1852 年－ 1908 年）

第一個發現放射性的人。

> 安托萬・亨利・貝克勒（Antoine Henri Becquerel），西元 1852 年（清咸豐二年，壬子鼠年）生於法國，物理學家。因發現天然放射性，與皮耶・居禮（Pierre Curie，西元 1859 年－ 1906 年）和瑪里・居禮（Marie Curie，西元 1867 年－ 1934 年）夫婦因在放射學方面的深入研究和傑出貢獻，共同獲得了 1903 年度諾貝爾物理學獎。

貝克勒第一個發現了放射性，是研究螢光和磷光的專家。

西元 1896 年初，倫琴發現 X 射線的消息傳到巴黎，一個偶然的機會使他遭遇放射性的問題。當時法國有一位著名的數學物理學家龐加萊，收到倫琴的信後，在法國科學院西元 1896 年 1 月 20 日的例會上向與會者報告了這件事，展示了倫琴的通信和 X 光照片。貝克勒正好在場，就請教龐加萊，這種射線是怎樣產生的？龐加萊回答說，似乎是從真空管陰極對面發螢光的地方產生的，可能跟螢光屬於同一機理。龐加萊還建議貝克勒試試螢光會不會伴隨有 X 射線。於是第二天貝克勒就在自己的實驗室裡開始試驗螢光物質會不會輻射出一種看不見卻能穿透厚紙、使底片感光的射線。他試來試去，終於找到了一種物質具有預期效果。這種物質就是鈾鹽。貝克勒拿兩張厚的黑紙，把感光底片包起來，包得

那樣嚴實，即使放在太陽底下晒一天，也不會使底片感光。然後，他把鈾鹽放在黑紙包好的底片上，又讓太陽晒幾小時，就大不一樣，底片顯示了黑影。為了證實是射線在發揮作用，他特意在黑紙包和鈾鹽間夾了一層玻璃，再放到太陽下晒。如果是由於某種化學作用或熱效應，隔一層玻璃就應該排除，可是仍然出現了黑影。於是貝克勒肯定了龐加萊的假定，在法國科學院的例會上報告了實驗結果。又過了幾天，貝克勒正準備進一步探討這種新現象，巴黎卻連日陰天，無法晒太陽，他只好把所有器材包括包好的底片和鈾鹽都擱在同一抽屜裡。也許是出於職業上的某種靈感，貝克勒突然產生了一個念頭，想看看即使不經太陽照晒，底片會不會也有變黑的現象。於是他把底片洗了出來。哪裡想到，底片上的黑影十分明顯。他仔細檢查了現場，肯定這些黑影是鈾鹽作用的結果。貝克勒面對這一突如其來的現象，很快就領悟到，必須放棄原來的假設，這種射線跟螢光沒有直接關係，它和螢光不一樣，不需要外來光激發。他繼續試驗，終於確證這是鈾元素自身發出的一種射線。他把這種射線稱為鈾輻射。鈾輻射不同於 X 射線，兩者雖然都有很強的穿透力，但產生的機理不同。同年 5 月 18 日，他在法國科學院報告說：鈾輻射乃是原子自身的一種作用，只要有鈾這種元素存在，就不斷有這種輻射產生。這就是發現放射性的最初經過。這一發現雖然沒有倫琴發現 X射線那樣轟動一時，但其意義也是很深遠的。因為這一事件為核物理學的誕生準備了第一塊基石。

　　貝克勒的發現實在是太偶然了。如果不是龐加萊在法國科學院例會上介紹 X 射線的發現；如果貝克勒沒有跟龐加萊談話；如果貝克勒沒有把鈾鹽當作試驗對象；如果隨後幾天巴黎不是陰雨天；如果貝克勒沒有把未曝光的底片置於鈾鹽下擱在抽屜裡；如果他不是下意識地或者好奇地把沒有曝光的底片也拿來沖洗，也許貝克勒就不會發現放射性了。如

果那樣的話，放射性就不知什麼時候、由誰來發現了，而放射學和核物理學的歷史必將改寫。很多人說，巧合使貝克勒交了好運。貝克勒發現放射性當然也有一定的偶然性，但貝克勒自己卻常對人說：在他的實驗室裡發現放射性是「完全合乎邏輯的」。這個邏輯指的就是必然性。

185
邁克生（西元 1852 年－ 1931 年）

邁克生實驗催生了狹義相對論，但他至死不承認。

> 阿爾伯特・亞伯拉罕・邁克生（Albert Abrahan Michelson），西元 1852 年出生於普魯士斯特雷諾（今波蘭斯特雷諾），波蘭裔美國籍物理學家。邁克生主要從事光學和光譜學方面的研究，他以畢生精力從事光速的精密測量，在他的有生之年，一直是光速測定的國際中心人物。他發明了一種用以測定微小長度、折射率和光波波長的干涉儀（邁克生干涉儀），在研究光譜線方面發揮了重要的作用。

西元 1869 年被選拔到美國安納波利斯海軍學院學習。畢業後任該校物理學和化學講師。

西元 1880 年－ 1882 年被批准到歐洲攻讀研究生，先後到柏林大學、海德堡大學、法蘭西學院學習。

西元 1883 年任俄亥俄州克里夫蘭市開斯應用科學學院物理學教授。

西元 1887 年，他和愛德華・莫立（Edward Morley）共同進行了著名的邁克生－莫立實驗，排除了以太的存在。後來，他又轉向利用天文光學干涉測量法測量恆星的直徑和雙星分光片的測量。

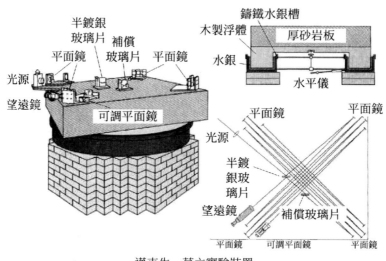

邁克生－莫立實驗裝置

西元 1889 年成為麻薩諸塞州伍斯特的克拉克大學的物理學教授，在這裡開始著手進行計量學的一項宏偉計畫。

西元 1892 年改任芝加哥大學物理學教授，後任該校第一任物理系主任，在這裡他培養了對天文光譜學的興趣。

1907 年，邁克生因為「發明光學干涉儀並使用其進行光譜學和基本度量學研究」而成為美國第一個諾貝爾物理學獎得主。同年，他獲得了科普利獎章。

1910 － 1911 年，擔任美國科學促進會主席。

1923 － 1927 年，擔任美國科學院院長。

1931 年 5 月 9 日因腦溢血於加州的帕薩迪納去世，享壽 79 歲。

186
昂內斯（西元 1853 年－ 1926 年）

一百多年過去了，超導電性的應用幾乎還停在實驗室。

> 海克·卡末林·昂內斯（Heike Kamerlingh Onnes），西元 1853 年（清咸豐三年，癸丑牛年）出生於荷蘭格羅寧根。1911 年因發現超導電性而獲 1913 年諾貝爾物理學獎。1926 年在荷蘭萊頓去世。

西元 1870 年，他進入格羅寧根大學，得到「候補」學位。

次年他去德國海德堡學習。

西元 1871 年，當昂內斯 18 歲時就已顯出他解決科學問題的才能。當年他獲得烏列氣特大學自然科學系組織比賽的金獎。次年，獲格羅寧根大學銀獎。

西元 1873 年返回格羅寧根，通過博士入學考試。西元 1879 年獲博士學位。博士論文題目為「地球轉動的新證據」。

西元 1882 年－ 1923 年，在萊頓大學任實驗物理學和氣象學教授。

當時，要想得到較低的溫度，最好的辦法就是將氣體變為液體。試想，如果地球的溫度高於 100℃，將不會有液態水存在，將全部變為蒸汽。如果我們把水蒸氣變（液化）為水，就能得到低於 100℃ 的溫度。因此，把氣體液化，就可以得到相對低的溫度。

早在西元 1877 年，物理學家成功地把氧氣變（液化）為液體，得到

90K（約 -160℃）的低溫。後來，氮氣也被成功液化，得到約 70K（約 -190℃）的低溫。英國物理學家杜瓦從西元 1877 年開始研究，經過 20 多年，於西元 1898 年成功液化了氫，得到約為 20K（約 -253℃）的低溫。但是，有一種氣體卻始終無法液化，那就是氦。因此，當時科學家把氦稱為「永久氣體」。

終於在 1908 年 7 月 10 日，昂內斯成功將氦氣液化，得到 4.2K（約 -269℃）的低溫。當時這個溫度已是最逼近絕對零度（-273.15℃）。低溫下物質性質的研究，即低溫物理，終於拉開了帷幕。

克耳文是熱學的絕對權威。他猜想，在絕對零度時，金屬因其所有電子將被凍結在晶格上，因而將變成絕緣體。最初，昂內斯也是這樣認為。1911 年 2 月，他測量了金和鉑在液氦溫度下的電阻，發現在 4.3K 以下，鉑的電阻保持為一常數。而不是通過一極小值後再增大。因此他改變了原來的看法，認為純鉑的電阻應在液氦溫度下消失。為了檢驗他的看法，他選擇汞（水銀）作為實驗對象，將汞放在液氦中測量其電學性質。之所以選用汞，是因為它在常溫下就呈液態，可以很方便地用蒸餾法得到高純度的汞。實驗結果出現了令人意想不到的奇特現象：汞的電阻在 4.2K 左右突然消失。這一非同尋常的發現，不僅預示著在電力工業中可以大大提高發電效率，而且為人們利用這種超導電性製造超導電機、超導磁鐵和超導電纜等開闢了廣闊的天地。1911 年 4 月至 11 月，昂內斯在連續 3 篇論文中詳細地報導了他的實驗結果。

他把這個從未觀察到的現象稱為超導。

他還發現，其他物質則失去了黏滯性，從而成為我們今天所知道的超流體。比如，在 2.19K，氦液體可以流向玻璃杯的一邊，並越過杯頂，也可以順利通過極為細小的裂縫。

1913 年，昂內斯又發現錫和鉛也具有和汞一樣的超導電性，不純的汞也具有超導電性。

因為發現了超導電性，昂內斯於 1913 年獲得諾貝爾物理學獎。

後來，人們才了解到，汞僅僅是電阻為零，還不是超導體，只能稱作理想導體。超導電性必須同時具有零電阻和邁斯納效應（抗磁性）。

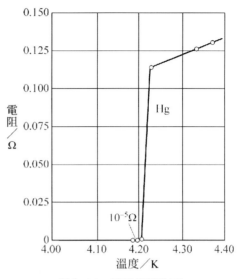

汞在 4.2K 時電阻消失了

從 1911 年發現「超導電性」到目前，100 多年的時間裡，已有若干物理學家因為對超導電性研究的貢獻獲得諾貝爾物理學獎。超導體已從簡單金屬發展到銅氧化物和鐵基化合物，但超導體的應用還停留在 -100°C 以下，離室溫下的普遍應用還有很長的路要走，或許還差幾個諾貝爾獎。超導電性是 20 世紀物理學最偉大的發現之一，但 20 世紀的物理學沒有哪個現象從發現到應用走了這麼長的路還未望到盡頭。

▌巴丁（1908 年 － 1991 年）

約翰·巴丁（John Bardeen），美國著名物理學家、電氣工程師。唯一一位兩次獲得諾貝爾物理學獎的科學家。1956 年與布拉頓（Walter Houser Brattain）和肖克利（William Shockley）因發明電晶體獲得諾貝爾物理學獎；1972 年，與庫珀（Leon N. Cooper）和施里弗（John Robert Schrieffer）因提出低溫超導理論（BCS theory）再次獲得諾貝爾物理學獎。

　　諾貝爾獎是科學界的最高榮譽，能獲一次諾貝爾獎的人已經出類拔萃。要是能得兩次，那是屈指可數的。獲兩次物理學獎，更是絕無僅有。

　　巴丁少年天才，15 歲上大學（威斯康辛大學），1929 年獲得碩士學位後，打算到富有魅力的普林斯頓大學跟隨愛因斯坦學習物理。然而，命運似乎早有安排。當巴丁去到普林斯頓時，愛因斯坦已經不在那裡了。對巴丁來說，普林斯頓真是一塊福地，事業愛情雙豐收。在那裡，巴丁不僅進入了固體物理學這個讓他獲得兩次諾貝爾獎的「坑」，更重要的是，他遇到了此生摯愛 —— 妻子珍‧馬克斯韋爾（Jane Maxwell）。婚後，巴丁的主業變成了照顧妻子和兒女，副業才是做研究。正是在此期間，有愛妻站在背後的巴丁，發明了對後世產生重大影響的電晶體。1956 年 11 月 1 日，巴丁和肖克利、布拉頓因電晶體的發明技術獲得當年諾貝爾物理學獎。在他獲獎的第二天，以至於當地的一家報紙在頭版寫道：「本地一女子的丈夫獲得諾貝爾獎」。

　　從做博士研究生開始，巴丁畢生都在進行關於電子相互作用和金屬、半導體及超導體遷移特性方面的研究。1951 年 5 月，巴丁離開了貝爾實驗室，到伊利諾大學任教。他重新投入超導領域的研究。雖然巴丁在超導理論研究中遇到了重重困難，但是他並沒有氣餒，並且透過吸納優秀人才，來推動對這一問題的研究。

　　1952 年 7 月，年輕的物理學家李政道，在這個夏天作為巴丁的博士後也參與到工作中來。

　　在之後的研究中，巴丁意識到自己對於場論知識的欠缺。1955 年春天，巴丁打電話給在普林斯頓高等研究院的楊振寧，詢問楊振寧是否可以向伊利諾大學推薦「精通場論並願意從事超導性研究」的合適人選。楊

振寧推薦了已經開始做博士後的年輕理論物理學家利昂·庫珀。小組的第三個成員是羅伯特·施里弗，他是巴丁的一個研究生，他選擇了超導性作為他的畢業論文。

1957 年，也就是獲得諾貝爾獎的一年後，巴丁和庫珀、施里弗共同創立了 BCS 理論，以他們名字第一個符號命名的 BCS 理論，對超導電性作出了合理的解釋，這一研究成果，震驚了整個物理學界。

1956 年去領獎的時候，巴丁覺得孩子就應該好好念書考試，就獨自前往。結果領獎的時候被瑞典國王責備：這麼重要的事情怎麼能不帶家人呢！巴丁只好道歉說：「下次一定帶來。」果不其然，1972 年他贏得了第二個諾貝爾物理學獎，這次他把全家都帶來了。

187
勞侖茲（西元 1853 年－ 1928 年）

在狹義相對論裡，最著名的變換公式就是勞侖茲變換。

> 亨德里克・安東・勞侖茲（Hendrik Antoon Lorentz），近代卓越的理論物理學家、數學家，經典電子論的創立者。

他填補了經典電磁場理論與相對論之間的鴻溝，是經典物理和近代物理間一位承上啟下式的科學巨擘，是第一代理論物理學家的領袖。他與同胞塞曼（Pieter Zeeman）共享了 1902 年度諾貝爾物理學獎。他還匯出了愛因斯坦的狹義相對論基礎的變換方程，即現在為人熟知的勞侖茲變換。他還曾是國際科學合作聯盟委員會主席。

勞侖茲在少年時就對物理學感興趣，同時還廣泛地閱讀歷史和小說，並且熟練地掌握多門外語。

西元 1870 年勞侖茲考入萊頓大學，學習數學、物理和天文。他和天文學教授弗雷德里克・凱澤（Frederik Kaiser）成為忘年交，並對其理論天文學的課程極感興趣。他也深受當時萊頓大學唯一的物理學教授彼得・瑞克（Pieter Rijke）的影響。一年半之後，勞侖茲就通過了數學和物理學的考試，之後就回到了阿納姆準備博士學位論文。這期間，他購買到了菲涅耳的文集，這是他第一本課外的參考書。他非常欣賞菲涅耳的作品，認為那一代物理學家裡，菲涅耳無與倫比；而談到當代的物理學家，

他則最欽佩赫茲。

西元 1873 年，勞侖茲以優異的成績通過了博士學位考試。

西元 1875 年獲博士學位。西元 1875 年前，光的電磁理論與物質分子理論相結合的統一設想，還沒有被人明確提出。此後，勞侖茲對這一問題進行深入研究，寫出了題為「光的反射與折射理論」的博士學位論文。這個課題菲涅耳已經做過，但勞侖茲用馬克士威的電磁場理論重新進行了處理。對光的舊波動理論與光的新電磁理論作了綜合性敘述，最後明確提出了這一統一設想，不僅使馬克士威的電磁場理論有了更加堅實的物理基礎，而且據此創立了物質的電子論。隨後他又根據電子論，確立了電子在磁場中所受的力即「勞侖茲力」的概念。這些研究幾乎一下子就使勞侖茲確立了他在本國的學術地位。

西元 1877 年，萊頓大學聘請他為理論物理學教授，這個職位最早是為范德瓦耳斯設的，其學術地位很高，而這時勞侖茲年僅 23 歲。他在萊頓大學任教 35 年，他對物理學的貢獻都是在這期間作出的。西元 1878 年，他發表了光與物質相互作用的論文，把以太與普通的物質區別開來，認為以太是靜止的，無所不在，而普通物質的分子則都含有帶電的諧偶極；在這個基礎上，他匯出了分子折射率的公式（即勞侖茲－洛倫茨公式）。

西元 1892 年，勞侖茲發表了經典電子論的第一篇論文。在這篇論文中，勞侖茲明確地把連續的場和包含分立電子的物質完全分開，同時又為馬克士威方程組追加了一個勞侖茲力方程式。於是，連續的場和分立的電子，就由這個勞侖茲力相連起來。他認為一切物質的分子都含有電子，陰極射線的粒子就是電子，電子是很小的有質量的鋼球，電子對於以太是完全透明的，以太與物質的相互作用歸結為以太與物質中電子的

相互作用。在此基礎上，勞侖茲把當時所得到的電磁光學的各種結果，重新整理加以格式化，確立了經典電子論的基礎。許多從他那裡學習電動力學的理論物理學家認為，這是勞侖茲一生中最偉大的貢獻之一。同年他研究了地球穿過靜止以太所產生的效應，為了說明邁克生－莫雷實驗的結果，他獨立地提出了長度收縮的假說，認為相對以太運動的物體，其運動方向上的長度縮短。他推算出長度收縮的準確公式，即在運動方向上，長度收縮因子為 $\sqrt{(1-v^2/c^2)}$。

西元 1895 年他提出了著名的勞侖茲力公式，即帶電粒子在磁場中運動時，會受到一個垂直於磁場和運動方向的力，這個力的方向服從右手螺旋法則。這就是每個高中生在學物理時都會學到的一個力，不過以前在高中學習時，用的是左手定則：即伸出左手，讓磁場線垂直穿過手心，四指指向電荷運動的方向，大拇指的方向就是受到的力的方向。

西元 1896 年，勞侖茲用電子論成功地解釋了由萊頓大學的塞曼發現的原子光譜磁致分裂現象。勞侖茲斷定該現象是由原子中負電子的振動引起的。他從理論上匯出的負電子的荷質比，與湯姆森翌年從陰極射線實驗得到的結果一致。由於塞曼效應的發現和解釋，勞侖茲和塞曼分享了 1902 年度的諾貝爾獎。勞侖茲的電子論把經典物理學推上了它所能達到的最高高度。勞侖茲本人幾乎成了 19 世紀末、20 世紀初物理學界的統帥。

西元 1899 年，他在發表的論文裡，討論了慣性系間座標和時間的變換問題，並得出電子與速度有關的結論。

1904 年，勞侖茲證明，當把馬克士威的電磁場方程組用伽利略變換從一個參考系變換到另一個參考系時，光速是物體相對於以太運動速度的極限，從而導致對不同慣性系的觀察者來說，馬克士威方程式及各種

電磁效應可能是不同的。為了解決這個問題，勞侖茲提出了另一種變換公式，即勞侖茲變換，並提出質量與速度的關係式。後來，愛因斯坦把勞侖茲變換加以運用，創立了狹義相對論。

1919 年－ 1926 年，勞侖茲在荷蘭教育部門工作，其間在 1921 年擔任荷蘭高等教育部部長。

1911 年－ 1927 年，擔任索爾維物理學會議的固定主席。在國際物理學界的各種集會上，他經常是一位非常受歡迎的主持人。由於勞侖茲在理論物理方面享有很高的威望、通曉多種語言並善於駕馭最為紊亂的辯論，他生前每次都被邀請參加物理學界最重要的國際會議，而且經常擔任大會的主席。1911 年勞侖茲主持了第一屆索爾維會議。這次會議使量子概念從四面八方突破了德語世界的邊境，成為一個在法國和英國同樣使人感興趣的論題。

除了諾貝爾物理學獎，勞侖茲還獲得過英國皇家學會的拉姆福德和科普利獎章，並且接受了巴黎大學和劍橋大學的名譽博士、德國物理學會和英國皇家學會國外會員的光榮稱號。

1928 年 2 月 4 日，這顆偉大的心臟停止了跳動，享壽 75 歲，物理學界失去了一位了不起的領袖。2 月 10 日，在他下葬那天，荷蘭的電報、電話服務暫停 3 分鐘以示哀悼。出席葬禮的有荷蘭王室、政府以及來自世界各國科學院的代表。英國皇家學會會長、著名的實驗物理學家拉塞福，普魯士科學院代表愛因斯坦都在他的墓旁致了悼詞。愛因斯坦深情地感慨勞侖茲對他產生的重大影響，他用「我們時代最偉大、最高尚的人」來評價這位良師益友。

188
龐加萊（西元 1854 年－ 1912 年）

被公認是 19 世紀後四分之一和 20 世紀初的領袖數學家，是對於數學和應用具有全面知識的最後一人。

亨利·龐加萊（Henri Poincaré），西元 1854 年（清咸豐四年，甲寅虎年。歐姆去世）出生於法國南錫一個學者家庭，數學家、天體力學家、數學物理學家、科學哲學家。龐加萊的研究涉及數論、代數學、幾何學、拓撲學、天體力學、數學物理、多複變函數論、科學哲學等許多領域。

他被公認是 19 世紀後四分之一和 20 世紀初的領袖數學家，是對於數學和應用具有全面知識的最後一個人。龐加萊在數學方面的傑出工作對 20 世紀和當今的數學造成了極其深遠的影響，他在天體力學方面的研究繼是牛頓之後的又一座里程碑，他因為對電子理論的研究被公認為相對論的理論先驅。

西元 1873 年，龐加萊進入巴黎綜合理工大學，在那裡他得以從事自己擅長的數學，師從著名數學家夏爾·埃爾米特（Charles Hermite），並發表了他的第一篇學術論文。後來龐加萊繼續跟隨埃爾米特攻讀博士學位。

西元 1875 年－ 1878 年，龐加萊在高等工科學校畢業後，又在法國

國立高等礦業學校學習工程，準備當一名工程師。但他卻缺少這方面的勇氣，且與他的興趣不符。

西元 1879 年 8 月 1 日，龐加萊撰寫了關於微分方程式方面的博士論文，獲得了巴黎大學博士學位。然後到卡昂大學理學院任講師。

自西元 1881 年起任巴黎大學教授，直到去世。他先後講授數學分析、光學、電學、流體平衡、電學中的數學、天文學、熱力學等課程。龐加萊一生的科學事業是和巴黎大學緊緊地連在一起的。

西元 1887 年龐加萊當選為法國科學院院士，並於 1906 年當選為法蘭西學院院士，這是法國學者的最高榮譽。

西元 1899 年因研究天體力學中的三體問題獲奧斯卡二世（Oscar II）獎金。

1906 年龐加萊當選為法國科學院院長。

1908 年龐加萊因前列腺增大而未能前往羅馬，雖經義大利外科醫生做了手術，使他能繼續如前一樣精力充沛地工作，但好景不長。

1912 年春天，龐加萊再次病倒了，7 月做了第二次手術；幾天後在穿衣服時，突然因血栓梗塞，在巴黎去世，年僅 58 歲。

為紀念龐加萊的傑出貢獻，月球上有以龐加萊名字命名的火山口；小行星 2021 也以龐加萊命名。

189
佛洛伊德（西元 1856 年－ 1939 年）

他打攪了全世界的清夢，創造了神話也成為了神話。

> 西格蒙德‧佛洛伊德（Sigmund Freud），西元 1856 年（清咸豐六年，丙辰龍年）出生於奧匈帝國的摩拉維亞省弗萊堡鎮（現捷克的普日博爾市）的一個猶太家庭。奧地利精神病醫師、心理學家、精神分析學派創始人。

西元 1873 年入維也納大學醫學院學習，西元 1881 年獲醫學博士學位。西元 1882 年－ 1885 年在維也納綜合醫院擔任醫師，從事腦解剖和病理學研究。後私人開業治療精神病。西元 1895 年在研究歇斯底里症的過程中，佛洛伊德在醫學史和心理學史上第一次使用了「精神分析學」這個概念。西元 1899 年出版《夢的解析》（*Die Traumdeutung*），被認為是精神分析心理學的正式形成。1919 年成立國際精神分析學會，象徵著精神分析學派的形成。1930 年他被授予歌德獎，1936 年成為英國皇家學會會員。1938 年奧地利被德國侵占，赴英國避難，次年於倫敦逝世。他開創了潛意識研究的新領域，促進了動力心理學、人格心理學和變態心理學的發展，奠定了現代醫學模式的新基礎，為 20 世紀西方人文學科提供了重要的理論支柱。

如果這個世界不曾出現佛洛伊德，那麼人類自我認識史，大概會有完全不一樣的面貌 —— 至少會少很多趣味性、神祕性和藝術性。正是

因為佛洛伊德，許多人才對心理學產生了濃厚的興趣。比起猴子和腦迴、腦溝，人們更容易被佛洛伊德的本能、潛意識、童年陰影、夢境所吸引。

以下摘自一位心理諮商師及心理學網站的文章：

「佛洛伊德：40 歲後沒有性生活」

佛洛伊德在活著的時候並沒有多麼出名，而在死後才名聲鵲起，可以說後世對佛洛伊德的尊敬與認可一浪高過一浪，現在人們把佛洛伊德排進影響人類進步的 50 大人物之列，可見其地位是如何深入人心。

「古柯鹼」研究是佛洛伊德曾經的學術抱負。為了和未婚妻戀愛，他失去了早早成名的機會。為了愛情他付出了學術的代價。然而，作為愛和幸福象徵的花，在夢中卻成了乾癟的植物標本。夢中展現的，正是愛與事業的糾結，這也是佛洛伊德人生的主題。

在夢裡，他的面前有一本書。這是一本關於某科植物的專論，書的作者正是他本人。他翻閱著這本書，有一種奇怪的感覺。

書裡有很多張褶皺的彩色圖片，每頁還夾著一片脫水的花標本。這是一本彩頁的植物圖冊，還是一本植物標本收集簿？

他有點惘然。直到夢醒來後，他還恨恨地想著。

夢裡的這本植物學專論，讓他想到自己做的「古柯鹼」研究，那是從古柯葉上提取的興奮劑（更為人所熟悉的名字是可卡因）。他還想到自己的研究合作者，他們倆曾有機會一起推進古柯鹼的臨床應用。而他們之間的學術討論，因為另外一個人而中斷。這次錯過的學術成果，讓他抱憾很久。

而那朵脫水的花，讓他想到了女人。那朵花是他太太最喜愛的花，

可是他卻很少記得送給她。他又進一步想到自己的青春：童年時，他曾將父親給的彩色圖片撕著玩；中學時，他曾經熱衷於收藏植物標本；大學時，他經歷了繁重的醫學考試。他也想起，自己最喜歡的花是向日葵。向日葵讓他想到義大利的旅遊。

西元 1882 年 4 月，佛洛伊德遇到瑪莎・伯尼斯（Martha Bernays）。

瑪莎纖細、精力充沛，有點憂鬱和蒼白。吸引佛洛伊德的，是她迷人的眼睛。

2 個月後他們訂婚。瑪莎的母親強勢且意見多，懷疑佛洛伊德是否合適。因為佛洛伊德沒有錢也沒有名。為了維持中產家庭的基本收入，佛洛伊德選擇開私人診所，這樣可以有機會更快賺錢。

訂婚的四年間，佛洛伊德的性壓抑。在當時保守的中產階級文化中，婚前戀愛雙方唯一允許的方式，是親吻和擁抱。而貧窮的佛洛伊德，為了學業和收入掙扎，甚至常常沒錢去看她。四年時間裡有三次較長的分離時間。

佛洛伊德將壓抑的情緒全都傾注在了寫給瑪莎的情書上。他成了情書的多產作家，在信裡滔滔不絕地表達對未婚妻的愛意，工作中的想法，未來的雄心，以及生活中的情緒。情書成了他的內心獨白和自傳。信中的佛洛伊德，熱情而又浪漫，多情而又可靠，有時會衝動急躁。

而瑪莎的回覆則顯得更加溫和與謹慎。她出生在一個保守的猶太家庭，對於男女交往持著小心翼翼的態度。

戀愛讓佛洛伊德缺乏自信，他心情不穩，有時過於嫉妒，甚至又無理的憤怒，表現為強烈的獨占欲。他不允許妻子對其他男性有任何親切的稱呼。

西元 1886 年 9 月，憑著夫妻雙方的儲蓄收入，以及富裕朋友的慷慨

贈予，佛洛伊德和瑪莎結婚了。

然而，結婚以後的生活，卻並沒有他想像的充滿激情。婚姻愛情的幻想，很快讓位給日常瑣事。特別是隨著孩子的誕生，家庭越來越龐大和忙碌。而佛洛伊德的性願望，也變成了過早的性失望。

他曾在自傳中這麼坦誠：「我 41 歲開始就停止了性生活。」

佛洛伊德的性生活過早地結束了。這某種程度因為當時有限的避孕措施。他和瑪莎有 6 個孩子。經濟壓力已無法允許家庭人口的繼續擴張。

和婚前情書中熾熱的情感相反，他在和友人的書信中很少提及妻子。他的工作日程，從早上八點到晚上一點，總是安排得滿滿的。佛洛伊德很喜歡旅遊度假，但他寧願和同事甚至妻妹一起，也不願意讓妻子參與進來。

他曾經在和友人的信中直言：「精神之愛的幻滅和肌膚之愛的剝奪，注定會把夫妻雙方拽回到婚前狀態，他們必須再次憑著堅強的毅力控制和改變性本能的方向。」

每個心理學家的學說，都有他自己的人生烙印。

某種意義上，佛洛伊德接受了他的性生活的結束，成為禁慾的斯多葛主義者。

他身邊不是沒有其他的女性，比如妻妹米娜（Minna Bernays）、作家莎樂美（Lou Andreas-Salomé）、瑪麗·波拿巴（Marie Bonaparte）公主。她們崇拜佛洛伊德，並在事業上對他鼎力相助。

然而，正如一些人指出的，他和她們的關係，更像男人和男人的關係，是事業上的合作夥伴。他把性生活的壓抑，轉為對學術的探索。這用他的概念，是一種昇華。在《性學三論》(*Drei Abhandlungen zur Sexual-*

theorie）中，他說，性本能力量的目的從直接滿足性慾轉換為新的目的，轉向新的方向，這可以稱為「昇華」的過程。

用精神分析的術語，他生命的「力比多」，在早年的母子關係中萌芽，在婚姻關係中曲折，最終流向他的心理事業。正是在這種昇華中，佛洛伊德建立了自己的學術帝國。這是他一生抱負的寄託所在。這是他生命力的歸宿。

由此，我們也可以更能認清，佛洛伊德對性驅力理論的信念和固執。這是他一生為之掙扎的人生主題，也是他用來擺脫性苦悶的重要方式。

精神分析師佛洛姆（Erich Fromm）說佛洛伊德，「他讓愛情乾枯，使它成為科學研究的對象。這正是佛洛伊德的所作所為。他把愛作為科學的對象，但是他生活中的愛始終是乾枯的，不結果實的。他的科學－理智的興趣比他的愛慾更強烈，科學－理智的興趣窒息了愛，同時也成了佛洛伊德愛情體驗的替代品。」

「佛洛伊德如何抑制女兒的性與愛」

1914 年 7 月 17 日，當佛洛伊德最小的女兒安娜（Anna Freud）準備前往英國時，佛洛伊德寫了封信給她：「我從一些最可靠的來源處得知，英國的瓊斯（Ernest Jones）醫生有追求你的強烈企圖。」佛洛伊德對她說，在感情問題上，她不能在未徵求自己同意的情況下，擅自做出重大決定。

只是從主觀想像出發，去干涉他人的人際關係，在佛洛伊德的生命中是極少見的情況。他對安娜是這樣解釋的，他並沒有干涉安娜兩個姐姐的感情自由，是因為她們和父母關係較遠，唯有安娜和他非常親近。

而且，在此之前，安娜還沒有過任何的追求者。

無論佛洛伊德怎樣解釋，作為精神分析的鼻祖，否認自己的女兒有性的渴望，是非常奇怪的一件事情。後世的精神分析學家據此認為，佛洛伊德在潛意識裡大概一直期望安娜是個長不大的小女兒，可以一直陪在他的身邊，而不會被別人奪走。

第一次世界大戰結束後，產生了大量的戰爭孤兒。為了對這些兒童進行有效的幫助，兒童心理學逐漸發展起來。此時，原本接受師範教育，已經是一名女子學校老師的安娜，開始接受佛洛伊德的精神分析，想要成為一名兒童精神分析師。

1922 年，安娜寫出了第一篇關於精神分析的論文，並以此成為了維也納精神分析學會的成員。1923 年，賓斯萬格（Binswanger）對佛洛伊德說，他已經看不出安娜和佛洛伊德之間有任何風格上的差別。這固然有安娜的努力，卻也說明了安娜一直在追隨父親的影子。

佛洛伊德開始擔心，不斷在與朋友的信件中提起此事：「我只希望她（安娜）能盡快找到一個比她的老父親持續更久的對象，用以寄託感情。」

1919 年，佛洛伊德第一次和朋友提到，安娜可能有「厄勒克特拉情結」。1921 年，佛洛伊德的一堆美國學生在討論像安娜「這樣一個迷人的女孩」為什麼依舊獨身的時候，有個人說：「看看她的父親不就知道了，那是她心目中無人能超越的權威，如果她嫁給一個低一等的男人，她一定會覺得屈就。」

1923 年，由於口腔癌的關係（可能和長期抽雪茄有關），他做了口腔手術，並且在後來安裝了假的下顎，用以說話和吞嚥食物。儘管如此，當時的假下顎還是會讓佛洛伊德在吞嚥食物時感到疼痛，並經常有發炎

的情況。對於一個要以說話作為工作的人來說，這無疑是個極大的打擊。儘管如此，佛洛伊德還是從 1924 年開始，恢復接待病人。但數量僅有六個。在給莎樂美（安娜的摯友）的信中，佛洛伊德公開表達著自己的不安：「我覺得我需要增加第七位病人：我那不可理喻依附著老父親的安娜。」但到了這個時刻，他已經不可能再改變安娜了。

1938 年，納粹占領了維也納，佛洛伊德一家被迫前往倫敦。1939 年 9 月，佛洛伊德死於口腔癌。佛洛伊德的雪茄癮，持續了一輩子。他曾經這樣為雪茄癮辯護：如果一個人沒辦法親吻的話，吸菸就變得不可或缺。1982 年，87 歲的安娜去世，終生未婚。她的戀人是她畢生為之付出的精神分析事業。或者，從潛意識的意象來說，是他的父親。

190
赫茲（西元 1857 年 — 1894 年）

他不僅證實了電磁波，而且踢開了光量子的大門。

> 赫茲的生平，從出生到英年早逝都屬於 19 世紀。但他對世界的貢獻，無論是電磁波還是光量子，都影響了整個 20 世紀。

海因里希·魯道夫·赫茲（Heinrich Rudolf Hertz），西元 1857 年（清咸豐七年，丁巳蛇年）出生於德國漢堡一個改信基督教的猶太家庭，物理學家。於西元 1888 年首先證實了電磁波的存在。並對電磁波有重大貢獻，故頻率的國際單位赫茲就是以他的名字命名的。

在他去柏林大學就讀之前就已經展現出良好的科學和語言天賦，喜歡學習阿拉伯語和梵文。他曾經在德國德累斯頓、慕尼黑和柏林等地學習科學和工程學。他是克希荷夫和亥姆霍茲的學生。西元 1880 年赫茲獲得博士學位，但繼續跟隨亥姆霍茲學習，直到西元 1883 年他收到來自基爾大學任理論物理學講師的邀請。

西元 1885 年 3 月，赫茲轉到德國西南部邊境的卡爾斯魯爾大學，擔任物理系教授，他開始裝配自己的電學實驗室，並且在上課時示範電學實驗。他說：「我不相信一個人只由理論，就可以知道實際。」「赫茲在星光下有一種近乎驕傲的自信。他自認是全世界唯一了解星光是什麼的人，在他看來滿天的星光是不同的光體，規律地發出不同頻率的電磁

波來到地球上……在他的說明中，星夜不只是美麗的，而且是規則準確的。」赫茲的自信沒有錯，19 世紀全世界最懂電磁波實驗的有兩人，一位是法拉第，另一位就是赫茲。赫茲以實驗證明人類千古的謎團 —— 光的本質是電磁波。

赫茲在柏林大學隨亥姆霍茲學習物理時，受亥姆霍茲的影響開始研究馬克士威的電磁理論。西元 1879 年，柏林科學院懸獎徵解，向科學界徵求對馬克士威電磁理論進行實驗驗證。當時，德國物理學界深信韋伯的電力與磁力可瞬時傳送的理論，因此赫茲決定以實驗來證實韋伯與馬克士威理論究竟誰的正確。依照馬克士威理論，電擾動能輻射電磁波。赫茲根據電容器經由電火花隙會產生振盪的原理，設計了一套電磁波發生器，赫茲將一感應線圈的兩端接於產生器二銅棒上。當感應線圈的電流突然中斷時，其感應高電壓使電火花隙之間產生火花。瞬間電荷便經由電火花隙在鋅板間振盪，頻率高達數百萬周。

由馬克士威理論，此火花應產生電磁波，於是赫茲設計了一簡單的檢波器來探測此電磁波。他將一小段導線彎成圓形，線的兩端點間留有小電火花隙。因電磁波應在此小線圈上產生感應電壓，而使電火花隙產生火花。所以他坐在暗室內，檢波器距振盪器 10 公尺，結果他發現檢波器的電火花隙間確有小火花產生。赫茲在暗室遠端的牆壁上覆有可反射電波的鋅板，入射波與反射波重疊應產生駐波，他也以檢波器在距振盪器不同距離處偵測加以證實。赫茲先求出振盪器的頻率，又以檢波器量得駐波的波長，二者乘積即電磁波的傳播速度。正如馬克士威預測的那樣，電磁波傳播的速度等於光速。西元 1888 年，赫茲的實驗成功了，而馬克士威理論也因此獲得了無上的光彩。赫茲在實驗時曾指出，電磁波可以被反射、折射和如同可見光、熱波一樣地被偏振。由他的振盪器所

發出的電磁波是平面偏振波，其電場平行於振盪器的導線，而磁場垂直於電場，且兩者均垂直於傳播方向。

後來有人評論說，電磁波的大廈由法拉第打下地基，馬克士威蓋起高樓，最後，由赫茲封頂。赫茲不僅證實了電磁波的存在，並且也成功證實了光的波動性的正確。

第一次以電磁波傳遞訊息是西元 1896 年義大利的馬可尼開始的。1901 年，馬可尼又成功地將訊號送到大西洋彼岸的美國。20 世紀無線電通訊更有了異常驚人的發展。赫茲實驗不僅證實了馬克士威的電磁理論，更為無線電、電視和雷達的發展找到了途徑。

就在赫茲以電磁波的發射與接收證實電磁波存在的實驗中，發射器裡有一個火花間隙，可以藉著製造火花來生成與發射電磁波。在接收器裡有一個線圈與一個火花間隙，每當線圈偵測到電磁波，火花間隙就會出現火花。由於火花不很明亮，為了更容易觀察到火花，他將整個接收器置入一個不透明的盒子內。他注意到最大火花長度因此減小。為了理清原因，他將盒子一部分一部分拆掉，發現位於接收器火花與發射器火花之間的不透明板造成了封鎖現象。假如改用玻璃來分隔，也會造成這種封鎖現象，而石英則不會。經過用石英稜鏡按照波長將光波分解，仔細分析每個波長的光波所表現出的封鎖行為，他發現是紫外線造成了這種現象，這個現象即光照射到金屬上，引起金屬的電性質發生變化。這類光變致電的現象後來被人們統稱為「光電效應」。赫茲對這個奇怪的現象百思不得其解，只好記錄下來並寫成論文「論紫外線在放電中產生的效應」，發表於《物理年鑑》。他沒有對該效應作進一步的研究，當時也未引起多少人的注意。這個效應在 1905 年被愛因斯坦解釋，並因此而獲得 1921 年的諾貝爾物理學獎。

西元 1887 年克希荷夫在柏林去世，亥姆霍茲強烈推薦赫茲去柏林大學接任克希荷夫的教授職位。但赫茲卻毫不猶豫地拒絕了，他想留在安靜的小城。「一個希望與眾多科學問題搏鬥的人最好還是遠離大都市。」（柏林大學的這個職位後被另外一位 20 世紀物理學的巨擘 —— 普朗克接任。）

西元 1892 年，赫茲被診斷出感染了韋格納肉芽腫（發病時會劇烈的頭痛），而他試著去治療這種疾病。西元 1894 年，赫茲在德國波恩不幸離世，享年 37 歲，他死後被埋在漢堡奧爾斯多夫的猶太墓地。赫茲死後留下了妻子伊麗莎白・赫茲（Elisabeth Hertz）（原名伊麗莎白・道歐〔Elisabeth Doll〕）和兩個女兒喬安娜（Johanna）和瑪蒂爾德（Mathilde）。而他的妻子在他死後並沒有改嫁。1930 年代，希特勒崛起，他的妻子和兩個女兒也被迫從德國搬到英國。據悉，赫茲的兩個女兒都沒有結婚，因此他沒有任何後裔。

赫茲是一位了不起的天才，他的偉大實驗，不僅證實了電磁波，而且踢開了光量子的大門。設想一下，如果赫茲再活 10 年，他會不會因為證實了電磁波和測出了電磁波速度、發現了光電效應而獲得 1901 年的首屆諾貝爾物理學獎呢？

▌馬可尼（西元 1874 年－ 1937 年）

古列爾莫・馬可尼（Guglielmo Marconi），出生於義大利的波隆那市，無線電工程師、企業家、實用無線電報通訊的創始人。

西元 1894 年，年滿 20 歲的馬可尼了解到赫茲幾年前所做的實驗，這些實驗清楚地顯示了不可見的電磁波是存在的，這種電磁波以光速在空中傳播。

馬可尼很快就想到可以利用這種波向遠距離發送訊號而又不需要線路，這就使原本的電報完成不了的許多通訊有了可能，例如利用這種方式可以把訊息傳送給在海上航行的船隻。經過一年的努力，於西元 1895 年他成功發明了一種裝置。西元 1896 年他在英國做了該裝置的示範試驗，首次獲得了這項發明的專利權。馬可尼立即成立了一個公司，西元 1898 年第一次發射了無線電。翌年他發送的無線電訊號穿過了英吉利海峽。雖然馬可尼最重要的專利權是在 1900 年授予的，但是他不斷地改進自己的發明，從中獲得了許多專利權。1901 年他發射的無線電訊息成功地穿越大西洋，從英格蘭傳到加拿大的紐芬蘭省。

　　這項發明的重要性在一次事故中戲劇性地顯示出來。1909 年「共和國」號汽船由於碰撞遭到毀壞而沉入海底，因無線電訊息發揮了作用，全船除 6 個人外其他人員均得救。同年馬可尼因其發明而獲得諾貝爾獎。翌年他發射的無線電訊息成功地穿越六千英里的距離，從愛爾蘭傳到阿根廷。

▌古斯塔夫・赫茲（西元 1887 年－ 1975 年）

　　古斯塔夫・赫茲（Gustav Hertz），德國物理學家，量子力學的先驅，1925 年諾貝爾物理學獎得主。他是電磁波發現者海因里希・魯道夫・赫茲的姪子和卡爾・赫爾姆斯・赫茲（Carl Hellmuth Hertz）（創立了超音波影像醫學）的父親。

　　古斯塔夫・赫茲的早期研究，涉及對二氧化碳的紅外線吸收與壓力和局部壓力的關係。1913 年，他與詹姆斯・法蘭克（James Franck）合作，開始對電子進行研究，對各種氣體的電離勢進行了深入的研究和測量。1912 年－ 1913 年，古斯塔夫・赫茲與同在柏林大學任教的詹姆斯・法蘭

克完成了電子碰撞的法蘭克－赫茲實驗。古斯塔夫・赫茲提出電子在與原子碰撞時，譜線群和能量損失相對於原子靜態能量狀態的定量關係，這一結果與波耳關於原子結構的理論完全一致，後來成為了波耳原子理論和普朗克量子理論正確性的重要證據。古斯塔夫・赫茲和詹姆斯・法蘭克也因此獲得 1925 年諾貝爾物理學獎。

191
普朗克（西元 1858 年－ 1947 年）

伽莫夫（George Gamow）：將量子的精靈放出了瓶子，普朗克自己被嚇得要死。

馬克斯・卡爾・恩斯特・路德維希・普朗克（Max Karl Ernst Ludwig Planck），西元 1858 年（清咸豐八年，戊午馬年）生於霍爾斯坦公國，德國著名物理學家，量子力學的重要創始人之一。

普朗克和愛因斯坦並稱為 20 世紀最重要的兩大物理學家。他因發現能量量子化而對物理學的又一次躍升作出了重要貢獻，並在 1918 年榮獲諾貝爾物理學獎。

普朗克出生在一個受到良好教育的傳統家庭，他的曾祖父戈特利布・普朗克（Gottlieb Planck）和祖父海因里希・普朗克（Heinrich Planck）都是哥廷根的神學教授，父親威廉・普朗克（Wilhelm Planck）是基爾和慕尼黑的法學教授，叔叔戈特利布・普朗克（Gottlieb Planck）也是哥廷根的法學家和德國民法典的重要創立者之一。

普朗克十分具有音樂天賦，他會彈奏鋼琴、管風琴和大提琴；還上過演唱課，曾在慕尼黑學生學者歌唱協會為多首歌曲和一部輕歌劇（西元 1876 年）作曲。但是普朗克並沒有選擇音樂作為他的大學專業，而是決定學習物理。慕尼黑大學的物理學教授菲利普・馮・約利（Philipp von

Jolly，西元 1809 年－ 1884 年）曾勸說普朗克不要學習物理，他認為「這門科學中的一切都已經被研究了，只有一些不重要的空白需要被填補」。這也是當時許多物理學家所堅持的觀點。但是普朗克回覆道：「我並不期望發現新大陸，只希望理解已經存在的物理學基礎，或許能將其加深。」西元 1874 年普朗克在慕尼黑大學開始了他的物理學學業。

普朗克在物理學上最主要的成就是提出了著名的普朗克輻射公式，創立了能量子概念。

19 世紀末，人們用經典物理學解釋黑體輻射實驗的時候，出現了著名的所謂「紫外災難」。雖然瑞利、金斯 (James Jeans) 和維因分別提出了兩個公式，企圖弄清楚黑體輻射的規律，但是和實驗相比，瑞利－金斯公式只在低頻範圍符合，而維因公式 (維因位移定律) 只在高頻範圍符合。普朗克從西元 1896 年開始對熱輻射進行了系統的研究。他經過幾年的艱苦努力，終於匯出了一個和實驗相符的公式。

他於 1900 年 10 月下旬在《德國物理學會通報》上發表了一篇只有三頁紙的論文，題目是「論維因光譜方程式的完善」，第一次提出了黑體輻射公式。12 月，在德國物理學會的例會上，普朗克作了「論正常光譜中的能量分布」的報告。在這個報告中，他激動地闡述了自己最驚人的發現。他說，為了從理論上得出正確的輻射公式，必須假定物質輻射（或吸收）的能量不是連續的，而是一份一份地進行的，只能取某個最小數值的整數倍。這個最小數值就稱為能量子，輻射頻率是能量的最小數值 v。其中，普朗克當時把它稱為基本作用量子，後來被命名為普朗克常數，它象徵著物理學從「經典幼蟲」變成「現代蝴蝶」。

西元 1887 年，普朗克與他慕尼黑中學同學的妹妹瑪麗·梅爾克 (Marie Merck，西元 1861 年－ 1909 年) 結婚，婚後生活在基爾，共有 4

個孩子，他們是卡爾（Karl）、雙胞胎艾瑪（Emma）和葛蕾特（Grete），以及埃爾溫（Erwin）。在普朗克前往柏林工作後，全家住在柏林的一棟別墅中，與不計其數的柏林大學教授們為鄰。普朗克的莊園發展成一個社交和音樂中心，許多知名的科學家如阿爾伯特‧愛因斯坦、奧托‧哈恩（Otto Hahn，西元 1879 年－ 1968 年）和莉澤‧邁特納（Lise Meitner，西元 1878 年－ 1968 年）等都是普朗克家的常客，這種在家中演奏音樂的傳統來自於亥姆霍茲家。

獲得大學任教資格後，普朗克在慕尼黑並沒有得到專業界的重視，但他繼續其在熱理論領域的工作。

西元 1885 年，基爾大學聘請普朗克擔任理論物理學教授，年薪約 2,000 馬克。普朗克繼續他對熵及其應用的研究，主要解決物理化學方面的問題，為阿瑞尼斯（Svante Arrhenius）的電解質電離理論提供了熱力學解釋。在基爾的這段時間，普朗克已經開始了對原子假說的深入研究。

西元 1889 年，亥姆霍茲通知普朗克前往柏林，接手克希荷夫的工作，西元 1892 年他接受教職，年薪約 6,200 馬克。

西元 1894 年，普朗克被選為普魯士科學院的院士。

西元 1897 年，哥廷根大學哲學系授獎給普朗克的專著《能量守恆原理》（*Das Prinzip der Erhaltung der Energie*）。

1906 年，普朗克在《熱輻射講義》（*Vorlesungen über Thermodynamik*）一書中系統性地總結了他的工作，為開闢探索微觀物質運動規律新途徑提供了重要的基礎。

1907 年，維也納曾邀請普朗克前去接替路德維希‧波茲曼的教職，但他沒有接受，而是留在了柏林，受到了柏林大學學生會的火炬遊行隊伍的感謝。

1909 年，普朗克的妻子因結核病去世。

1911 年，普朗克與他的第二任妻子瑪格麗特・馮・赫斯林 (Marga von Hoesslin) 結婚，12 月普朗克的第三個兒子赫爾曼 (Hermann) 降生。

1918 年，普朗克得到了物理學的最高榮譽獎 ── 諾貝爾物理學獎。1926 年，普朗克被推舉為英國皇家學會的最高級名譽會員，美國選他為物理學會的名譽會長。

1926 年 10 月 1 日普朗克從柏林大學退休，他的繼任者是薛丁格。

1930 年，普朗克被德國科學研究的最高機構威廉皇家促進科學協會選為會長。

普朗克的另一個廣為人知的偉大貢獻是推匯出波茲曼常數。他沿著波茲曼的思路進行了更深入的研究，得出波茲曼常數。為了向他一直尊崇的波茲曼教授表示尊重，建議將其命名為波茲曼常數。普朗克的一生推匯出現代物理學最重要的兩個常數 k_B 和 h，是當之無愧的偉大物理學家。

自 1920 年代以來，普朗克成為德國科學界的中心人物。他的公正、正直和學識，使他在德國受到普遍尊敬，具有決定性的權威。納粹政權統治下，他反對種族滅絕政策，並堅持留在德國盡力保護各國科學家。

普朗克的家庭生活相當不幸。第一次世界大戰期間，普朗克的大兒子卡爾死於凡爾登戰役，二兒子埃爾溫在 1914 年被法軍俘虜，1917 年女兒葛蕾特在產下第一個孩子時去世，她的丈夫娶了普朗克的另一個女兒艾瑪，不幸的是艾瑪在兩年後同樣死於生產。普朗克平靜地承受了這些打擊，愛因斯坦在寫給朋友的信中說：「普朗克的不幸讓我心碎。當我看到他時，我無法止住淚水……他令人驚嘆的勇敢而且剛直。但是可以看出，悲痛嚴重損害了他。」

1945 年，普朗克的二兒子埃爾溫因參與暗殺希特勒未遂而被納粹殺害，至此，普朗克與第一任妻子所生的四個孩子全都去世。

他承受了極大的痛苦。但不幸好像還沒完，盟軍轟炸柏林時，他的住所，還有他一生珍藏的書籍，全部被毀。當盟軍找到這位在 20 世紀初叱吒風雲的科學巨匠時，他和妻子正躲在樹林裡。普朗克躺在草堆上，目光呆滯地盯著天空。

除了家庭的悲劇外，作為威廉皇家促進科學協會會長的普朗克，在納粹迫害猶太科學家（包括愛因斯坦、哈伯、邁特納）時，他內心的痛苦簡直無法描述。他說：「納粹像一陣狂風橫掃我們的國家。我們什麼也做不了，只能像風中的大樹那樣聽憑擺布。」

當愛因斯坦受到極不公正對待時，普朗克不得不發表宣告：

愛因斯坦先生不僅是位傑出的物理學家，而且是這樣一位物理學家：他發表在我們科學院的所有研究成果，使本世紀的物理學得到進一步的深化和發展，其重大意義只有克卜勒和牛頓才可以與之相比。

1918 年諾貝爾化學獎得主哈伯的命運最悲慘，被從物理化學研究所所長位置解僱。1934 年 1 月 29 日，哈伯在流亡途中，因心臟病猝死於瑞士的巴塞爾。1935 年 1 月，普朗克不顧一切地舉辦了紀念哈伯逝世一週年的活動。普朗克勇敢地說：「我一定要組織和主持這次紀念大會，除非警察把我抓走。」

他憑藉堅忍的自制力一直活到 89 歲。1947 年 4 月 10 日，普朗克在哥廷根離開了這個既為他帶來極大榮譽又為他帶來無限痛苦的世界。普朗克的墓在哥廷根市公墓內，其標誌是一塊簡單的矩形石碑，上面只刻著他的名字，下角寫著：爾格·秒。他的墓誌銘就是石碑最下方的一行字：$h=6.63\times10^{-34}$ J·s，這也是對他畢生最大貢獻：提出量子假說的肯定。

但這行字常常被野草掩映。

1958 年 4 月，在慶祝普朗克誕辰 100 週年紀念會上，德國著名物理學家海森堡說：「以前許多領域都給人們一種非常混亂的感覺，但在普朗克一生的工作領域裡，卻表現出來一種單純和瑩澈的光明。」

普朗克長度：長度的自然單位，以作為標記。有意義的最小可測長度。普朗克長度由引力常數、光速和普朗克常數的相對數值決定，它大致等於 1.6×10^{-33}cm，是一個質子大小的 $1/10^{22}$。經典的引力和時空開始失效、量子效應產生支配作用的長度標度。它是「長度的量子」。

普朗克溫度：溫度的單位，簡記為 $\{T_P\}$。它是自然單位系統中的普朗克單位，並且是代表著量子力學中的一個基礎極限的普朗克單位。普朗克溫度是溫度的基礎上限；現代科學認為推測任何東西比這更熱是毫無意義的。

$$T_P = \frac{m_P c^2}{k_B} = \sqrt{\frac{\hbar c^5}{Gk^2}} = 1.416833\,(85) \times 10^{32}\ \text{K}$$

其中，m_P 為普朗克質量，c 為真空中的光速，h 為約化普朗克常數（又稱狄拉克常數），k_B 為波茲曼常數，G 為萬有引力常數，括號內的兩位數為最後兩位不確定性（標準差）。

2009 年 5 月 14 日 13 時 12 分（格林威治時間，中原標準時間為 14 日 21 時 12 分），歐洲阿麗亞娜 5-ECA 型火箭攜帶歐洲太空總署兩顆科學探測衛星，從法屬圭亞那庫魯太空中心發射升空，其中一顆為紀念偉大物理學家普朗克而被命名為「普朗克」號。探測衛星將被定位在距地球約 160 萬公里的第二拉格朗日點附近，以背對太陽和地球的姿勢，對宇宙進行持續觀測。「普朗克」號攜帶了一系列敏銳度極高的儀器，能夠對宇宙微波背景輻射進行深入探測。科學界普遍認為，宇宙誕生於距今 137

億年前的一次大爆炸，作為大爆炸的「餘燼」，微波背景輻射均勻地分布在整個宇宙空間。因此，「普朗克」號的探測結果將有助於科學家研究早期宇宙的形成和物質起源的奧祕。

▋哈伯（西元 1868 年－ 1934 年）

佛列茲·哈伯（Fritz Haber），德國化學家，西元 1868 年出生在德國西利西亞布雷斯勞（現為波蘭的弗羅茨瓦夫）的一個猶太家庭。1909 年，成為第一個從空氣中製造出氨的科學家，使人類從此擺脫了依靠天然氮肥的被動局面，加速了世界農業的發展，因此獲得 1918 年諾貝爾化學獎。

但第一次世界大戰中，哈伯擔任化學兵工廠廠長時負責研製、生產氯氣、芥子氣等毒氣。能斯特也參與了這個計畫。實驗室出了事故，有個出色的化學家被當場炸死。哈伯的妻子因為反對他做化學武器，開槍自殺。但哈伯第二天仍然頭也不回地上了戰場，親自指導使用毒氣，造成近百萬人傷亡。他何曾想到，若干年後，有成千上萬的他的猶太同胞，死在了他發明的毒氣之下。

此後，透過對戰爭的反省，他把全部精力都投入到科學研究中。在他卓有成效的領導下，物理化學研究所成為世界上化學研究的學術中心之一。根據多年的科學研究工作經驗，他特別留意為他的同事們創造了一個毫無偏見、並能獨立進行研究的環境，在研究中他又強調理論研究和應用研究相結合。從而使他的研究所成為第一流的科學研究單位，培養出眾多高水準的研究人員。為了改變大戰中讓人留下的不光彩印象，他積極致力於加強各國科學研究機構的聯絡和各國科學家的友好往來。他的實驗室裡有將近一半成員來自世界各國。友好的接待，熱情的指

導，不僅得到了科學界對他的諒解，同時使他的威望日益增高。

　　儘管哈伯是著名的科學家，但是因為他是猶太人，和其他猶太人一樣，遭到了殘酷的迫害。法西斯當局命令在科學和教育部門解僱一切猶太人。佛列茲・哈伯這位偉大的化學家被改名為「Jew・哈伯」，即猶太人哈伯。他所領導的研究所也被改組。哈伯於 1933 年 4 月莊嚴地宣告：「40 多年來，我一直是以知識和品德為標準去選擇我的合作者，而不是考慮他們的國籍和民族，在我的餘生，要我改變認為是如此完好的方法，則是我無法做到的。」

　　1934 年 1 月，流亡中的哈伯因突發心臟病逝世於瑞士的巴塞爾。至今，對哈伯的評價仍是：「天使與魔鬼的化身」。

192
詹天佑（西元 1861 年－1919 年）

中國首位鐵路總工程師，中國第一條自己的鐵路的建造者。

字眷誠，號達朝。祖籍徽州婺源，西元 1861 年（清咸豐十一年，辛酉雞年）生於廣東省廣州府南海縣，故居位於廣州市荔灣區恩寧路十二甫西街芽菜巷 42 號。12 歲留學美國，西元 1878 年考入耶魯大學土木工程系，主修鐵路工程。他是中國近代鐵路工程專家，被譽為中國首位鐵路總工程師。其負責修建了京張鐵路等工程，有「中國鐵路之父」、「中國近代工程之父」之稱。

1905 年－1909 年，他主持修建中國自主設計並建造的第一條鐵路——京張鐵路；創設「豎井開鑿法」和「人」字形路線，震驚中外；在籌劃修建滬嘉、洛潼、津蘆、錦州、萍醴、新易、潮汕、粵漢等鐵路中，成績斐然。著有《鐵路名詞表》、《京張鐵路工程紀略》等。

▌主要成就

唐山鐵路：西元 1888 年，詹天佑由老同學鄺孫謀推薦，到中國鐵路公司任工程師。

詹天佑親臨工地，與工人同甘共苦，用了 70 多天的時間，唐山鐵路就竣工通車了。唐山鐵路在開灤煤礦唐山礦 1 號井至 3 號井東面，鐵路

從一個上百年的涵洞裡穿越而出，從唐山市區主幹道新華道下穿過，全長十二公里。這是中國第一條國際標準軌距鐵路，它最初是從唐山礦修到豐南胥各莊，至今仍是京山鐵路的重要組成部分。

灤河大橋：西元 1891 年初，在洋務運動的晚風中，清廷重臣李鴻章受命在山海關設立了北洋官鐵路局，他的得力助手周蘭亭、李樹棠總攬築路事務，全力以赴修建關東鐵路（古冶 —— 山海關 —— 中後所 —— 奉天等）。雖然朝野中的洋務派和頑固派對政府修建鐵路一直爭論不休，但李鴻章在西元 1892 年已經和開平礦務局的英國技師金達（Claude William Kinder）簽下了協定，著手修建關東鐵路第一段由古冶到山海關的鐵路。其實，早在西元 1881 年，中國第一條自建鐵路 —— 唐胥鐵路就已營運，雖然馬拉蒸汽機車一度成為鬧劇，但那時中國的鐵路業已經蹣跚起步了。令人意想不到的是，當這條鐵路延伸到灤河岸邊時，奔騰咆哮的灤河水使修路的步伐戛然而止。面對寬闊的河面，躊躇滿志的金達邀請世界一流的英國鐵路專家，信心十足地指揮著施工架橋。可是灤河下游河寬水急，河床泥沙很深，地質結構複雜，橋墩屢建屢塌，眾人一籌莫展。高傲的英國專家在架橋環節屢次受挫之後，最終將這塊燙手的山芋轉給了德、日專家，但還是以失敗告終。

工期將至時，金達想起了詹天佑。各國工程師建灤河大橋失敗之後，詹天佑要求由中國人自己來建造，他詳盡分析了各國失敗的原因，又對灤河底的地質土壤進行了周密的測量研究後，決定改變樁址，採用中國傳統的方法，以中國的潛水員潛入河底，配以機器操作，勝利完成了打樁任務，建成灤河大橋。灤河橋為單線鐵路橋，全長 670.6 公尺，共 17 孔，自山海關端起為 9 孔 30.5 公尺上承鋼桁梁、5 孔 61 公尺下承鋼桁梁、1 孔 30.5 公尺上承鋼桁梁、2 孔 9.14 公尺上承鋼板梁。從西元

1876 年吳淞鐵路修築到 1911 年清朝統治被推翻，中國鐵路共修築橋梁6,000 餘座，其中灤河橋是採用先進的氣壓沉箱建築基礎的第一橋。

京津鐵路（津蘆鐵路）：天津市到北京市西南郊蘆溝橋，聘英國人金達為總工程師，詹天佑擔任鐵路工程師。西元 1895 年開始建設，是中國最早的一條複線鐵路。西元 1894 年（光緒二十年），清朝朝廷議定修建天津到北京的鐵路，路線改為從天津到蘆漢鐵路（蘆溝橋到漢口）的起點蘆溝橋，名為津蘆鐵路。任命當時在天津小站主持訓練定武軍的胡燏棻為督辦。他向英國借款 40 萬英鎊，作為修築津蘆鐵路的資金，開創了借洋債修鐵路的先例。西元 1896 年（清光緒二十二年），津蘆鐵路建成通車。西元 1897 年鐵路從蘆溝橋延伸到豐臺，6 月又延伸到永定門外馬家堡。1903 年延伸至內城前門外東南，稱為正陽門東車站。後津蘆鐵路稱為京津鐵路，成為京奉鐵路的一段。津蘆鐵路不僅在中國鐵路史上具有特殊地位，同時也是清政府推行「實政改革」的象徵性一環。

萍醴鐵路：1901 年 7 月，詹天佑受清政府鐵路總公司督辦盛宣懷委派，到萍鄉協助美國鐵路工程師修建株萍鐵路的萍醴段。他在無平面圖的情況下，利用一個多月的時間，重新進行勘測和設計，並調集人馬立即動工。詹天佑採用土洋結合的辦法，不到 3 個月，湘東大橋便鋪上了鋼軌。萍醴鐵路全長 38 公里，是專為漢冶萍公司運輸而修建的，將江西萍鄉的安源煤礦供給漢陽鐵廠。1902 年 11 月，萍醴鐵路竣工通車。

京張鐵路：京張鐵路為詹天佑主持修建並負責的中國第一條鐵路，它連線北京豐臺區，經八達嶺、居庸關、沙城、宣化等地至河北張家口，全長約 200 公里。1905 年 9 月開工修建，於 1909 年建成，時間不滿四年。是中國首條不使用外國資金及人員，由中國人自行設計、投入營運的鐵路。這條鐵路工程艱鉅，現稱為京包鐵路，以前的京張段為北

京至包頭鐵路線的首段。京張鐵路是清政府排除英國、俄國等殖民主義者的阻撓，委派詹天佑為京張鐵路局總工程師（後兼任京張鐵路局總辦）修建的。

193
泰戈爾（西元 1861 年－ 1941 年）

我顛倒了世界，只為擺正你的身影。不為成仙，只為在紅塵中等你歸來。

羅賓德拉納特・泰戈爾（Rabindranath Tagore），西元 1861 年生於印度一個富有的貴族家庭。詩人、文學家、社會活動家、哲學家和印度民族主義者。代表作有《吉檀迦利》（*Gitanjali*）、《漂鳥集》（*Stray Birds*）、《眼中沙》（*Chokher Bali*）、《家庭與世界》（*The Home and the World*）、《園丁集》（*The Gardener*）、《新月集》（*The Crescent Moon*）、《戈拉》（*Gora*）等。

泰戈爾的家庭屬於商人兼地主階級，是婆羅門[001]種姓，在英國東印度公司時代財運亨通，成為柴明達地主。他的祖父和父親都是社會活動家，支持社會改革。他的父親對吠陀和奧義書頗有研究，是哲學家和宗教改革者，富有民族主義傾向。他有子女十四人，泰戈爾是家中最小的一個。就是在這個家庭，兄弟姐妹和姪輩中頗出了一些學者和藝術家。由於生長在這樣一個印度傳統文化與西方文化和諧交融的書香門第，泰戈爾從小就受到家庭環境的薰陶。泰戈爾 13 歲即能創作長詩和頌歌體詩集。

---

(001)　婆羅門（Brahmin）：在印度社會中，祭司被人們仰視如神，稱為「婆羅門」。「婆羅門」源於「波拉乎曼」（即梵），原意是「祈禱」或「增大的東西」。祈禱的語言具有咒力，咒力增大可以使善人得福、惡人受罰，因此執行祈禱的祭官被稱為「婆羅門」。婆羅門教（Brahmanism），是起源於古印度的宗教，也是現在的印度國教印度教的古代形式，以《吠陀經》為主要經典，以把種姓制度作為核心教義，崇拜三大主神而得名。

西元 1878 年他赴英國留學，西元 1880 年回國專門從事文學活動。西元 1884 年－ 1911 年擔任梵社祕書，創辦國際大學。1913 年，他以《吉檀迦利》成為第一位獲得諾貝爾文學獎的亞洲人。1941 年寫作控訴英國殖民統治和相信祖國必將獲得獨立解放的遺言〈文明的危機〉。

儘管泰戈爾也受到西方哲學思潮的影響，但他的思想的基調，還是印度古代從《梨俱吠陀》(*Rig Veda*) 一直到奧義書和吠檀多的類似泛神論的思想。這種思想主張宇宙萬有，同源一體，這個一體就叫做「梵」。「梵」是宇宙萬有的統一體，世界的本質。人與「梵」也是統一體。「『我』是『梵』的異名，『梵』是最高之『我』。」、「人的實質與自然實質沒有差別，兩者都是世界本質『梵』的一個組成部分，互相依存，互相關聯。」泰戈爾以神或「梵」為一方，稱之為「無限」，以自然或現象世界以及個人的靈魂為一方，稱之為「有限」，無限和有限之間的關係，是他哲學探索的中心問題，也是他詩歌中經常觸及的問題。泰戈爾跟印度傳統哲學不同的地方是：他把重點放在「人」上面，主張人固然需要神，神也需要人，甚至認為只有在人中才能見到神。（季羨林評）

泰戈爾「是個真正的詩人，而且是個新型的詩人，他能使東方和西方的想像互相理解。他的天才是抒情的」。（英國政治家吉爾伯特・莫瑞〔Gilbert Murray〕教授評）

「泰戈爾是一個人格潔白的詩人」、「一個憐憫弱者，同情於被壓迫人們的詩人」、「一個鼓勵愛國精神，激起印度青年反抗英國帝國主義的詩人」。（沈雁冰評）

生如夏花

生命，一次又一次輕薄過

輕狂不知疲倦

——題記

1

我聽見回聲，來自山谷和心間

以寂寞的鐮刀收割空曠的靈魂

不斷地重複決絕，又重複幸福

終有綠洲搖曳在沙漠

我相信自己

生來如同璀璨的夏日之花

不凋不敗，妖冶如火

承受心跳的負荷和呼吸的累贅

樂此不疲

2

我聽見音樂，來自月光和胴體

輔極端的誘餌捕獲飄渺的唯美

一生充盈著激烈，又充盈著純然

總有回憶貫穿於世間

我相信自己

死時如同靜美的秋日落葉

不盛不亂，姿態如煙

即便枯萎也保留豐肌清骨的傲然

玄之又玄

3

我聽見愛情，我相信愛情

愛情是一潭掙扎的藍藻

如同一陣淒微的風

穿過我失血的靜脈

駐守歲月的信念

4

我相信一切能夠聽見

甚至預見離散，遇見另一個自己

而有些瞬間無法把握

任憑東走西顧，逝去的必然不返

請看我頭置簪花，一路走來一路盛開

頻頻遺漏一些，又深陷風霜雨雪的感動

5

般若波羅蜜，一聲一聲

生如夏花之絢爛，死如秋葉之靜美

還在乎擁有什麼

（鄭振鐸譯）

194
布拉格（西元 1862 年 － 1942 年）

父子兩人一同被授予諾貝爾物理學獎，絕無僅有。

威廉・亨利・布拉格（William Henry Bragg），西元 1862 年（清同治元年，壬戌狗年）生於英國威格頓，物理學家，現代固體物理學的奠基人之一。

他早年在劍橋三一學院學習數學，曾任澳洲阿得雷德大學及英國利茲大學、倫敦大學教授。由於在使用 X 射線繞射研究晶體原子和分子結構方面所作出的開創性貢獻，他與兒子威廉・勞倫斯・布拉格分享了 1915 年諾貝爾物理學獎。同時，他還身為一名傑出的社會活動家，在 1920 年代及 1930 年代是英國公共事務中的風雲人物。

西元 1885 年，布拉格被澳洲阿得雷德大學聘為數學物理教授，於西元 1886 年初正式上任。此前他的物理知識並不多，在阿得雷德他才大量學習物理知識，但真正涉及重要研究已是 40 歲之後了。

1904 年，在但尼丁召開的一次澳洲科學促進會的會議上，他擔任所在小組的主席，並發表了論文「氣體電離理論的新發展」。後來他在這篇論文的基礎上繼續展開研究，於 1912 年出版了他的第一本著作《放射能研究》（*Studies in Radioactivity*）。

1904 年那次會議後不久，他得到一些溴化鐳，並進行相關研究，當

年年底在《哲學雜誌》（*Philosophical Magazine*）上發表了關於鐳射線的研究論文。

1907 年，他當選為英國皇家學會會士。

1908 年底，他從阿得雷德大學辭職。他在這所大學的 23 年間，見證了其學生數的數倍增長，對理學院的發展也作了重大貢獻。

1909 年，布拉格到利茲大學擔任卡文迪許物理教授。他在這裡繼續 X 射線研究，並大獲成功。他發明了 X 射線分光計，並與他的兒子威廉‧勞倫斯‧布拉格創立了用 X 射線分析晶體結構的新學術領域。這項技術的應用為稍後 DNA 雙螺旋結構的發現奠定了基礎。

1915 年正是由於這項成就，父子兩人一同被授予諾貝爾物理學獎。

1923 年起，他成為皇家研究所的富勒里安化學教授和戴維‧法拉第研究實驗室主任。在他的領導下，實驗室發表了大量有價值的論文。

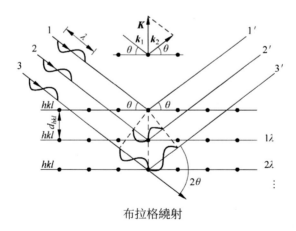

布拉格繞射

1935 年，他當選為英國皇家學會的會長。

▌威廉‧勞倫斯‧布拉格（西元 1890 年— 1971 年）

　　威廉‧勞倫斯‧布拉格（William Lawrence Bragg），英國物理學家，是著名物理學家威廉‧亨利‧布拉格的兒子，25 歲時就獲得諾貝爾獎，是歷史上最年輕的諾貝爾物理學獎獲獎者。

　　父子兩代同獲一個諾貝爾獎，這在歷史上是絕無僅有的。

195
希爾伯特（西元 1862 年－ 1943 年）

領導了著名的哥廷根學派，成為世界數學研究的中心。

> 大衛‧希爾伯特（David Hilbert），西元 1862 年出生於東普魯士柯尼斯堡（今俄羅斯加里寧格勒）附近的韋勞，德國著名數學家。

他於 1900 年 8 月在巴黎第二屆國際數學家大會上提出了新世紀數學家應當努力解決的 23 個數學問題，被認為是 20 世紀數學的至高點。對這些問題的研究有力地推動了 20 世紀數學的發展，在世界上產生了深遠的影響。希爾伯特領導的數學學派是 19 世紀末 20 世紀初數學界的一面旗幟，希爾伯特被稱為「數學界的無冕之王」，他是天才中的天才。

西元 1880 年，他不顧父親讓他學法律的意願，進入柯尼斯堡大學攻讀數學，並於西元 1884 年獲得博士學位，後留校獲得講師資格並升任副教授。

西元 1892 年結婚。西元 1893 年他被任命為正教授。

西元 1895 年轉入哥廷根大學任教授，此後一直在數學之鄉哥廷根生活和工作。

1930 年退休。在此期間，他成為柏林科學院通訊院士，並曾獲得施泰納獎、羅巴契夫斯基獎和波約伊獎。

1943 年希爾伯特在孤獨中去世。

曾任哥廷根天文臺的臺長，高斯的後繼者之一。對代數學的發展作了相當的貢獻，支持了康托爾的集合論；試圖在哥廷根替埃米‧諾特謀取一個職位，不過最後失敗了。

希爾伯特是對 20 世紀數學有深刻影響的數學家之一，他領導了著名的哥廷根學派，使哥廷根大學成為當時世界數學研究的重要中心，並培養了一批對現代數學發展作出重大貢獻的傑出數學家。

196
能斯特（西元 1864 年－ 1941 年）

研究了一輩子物理，卻得了個化學獎。

瓦爾特・赫爾曼・能斯特（Walther Hermann Nernst），德國卓越的物理學家、物理化學家和化學史家，熱力學第三定律（1906年）創始人，能斯特燈的創造者，能斯特方程式（電極電勢與溶液濃度的關係式）的建立者。

能斯特自西元 1890 年起成為哥廷根大學的化學教授，1904 年任柏林大學物理化學教授，後來被任命為柏林大學實驗物理研究所所長（1924年－ 1933 年）。他榮獲 1920 年的諾貝爾化學獎。他把成績的獲得歸功於導師奧士華（Wilhelm Ostwald）的培養，因而自己也毫無保留地把知識傳給學生，先後有三名學生獲諾貝爾物理學獎：密立根（Robert Millikan）（1923 年）、安德森（Carl David Anderson）（1936 年）和格拉澤（Donald Arthur Glaser）（1960 年）。師徒五代相傳，是諾貝爾獎史上空前的。

1933 年他因不受納粹的歡迎，退休回到鄉間別墅莊園，並逝於那裡，被葬於馬克斯・普朗克墓附近。

197
羅曼・羅蘭（西元 1866 年－1944 年）

生活最沉重的負擔不是工作，而是無聊。

羅曼・羅蘭（Romain Rolland），西元 1866 年（清同治五年，丙寅虎年。諾貝爾發明硝化甘油炸藥；西門子〔Werner von Siemens〕發明了世界上第一臺大功率發電機）生於法國克拉姆西。思想家，文學家，批判現實主義作家，音樂評論家，社會活動家。1915 年諾貝爾文學獎得主，是 20 世紀上半葉法國著名的人道主義作家，被尊稱為「歐洲良心」。他的小說被人們歸納為「用音樂寫小說」。另外，羅曼・羅蘭一生還為爭取人類自由、民主與光明進行不屈的抗爭，他積極投身進步的政治活動，聲援西班牙人民的反法西斯鬥爭，並出席巴黎保衛和平大會，對人類進步事業作出了一定貢獻。

羅曼・羅蘭一生中的第一個轉捩點是在 15 歲的時候，他隨父母遷居到了巴黎，開始有機會接觸到莎士比亞、伏爾泰、雨果等大師的作品，讓他荒蕪的精神領地煥發了生機。並受到了莫札特、貝多芬等大師的音樂薰陶，尤其當他接觸到貝多芬的音樂後，那些優美的旋律從此占據了他心靈中最美好的位置，也成為他一生重要的精神寄託和靈魂的避風港，讓他感受到了這些領域內的英雄所帶來的信念之美。

西元 1897 年，羅曼・羅蘭在《巴黎雜誌》上發表了第一部作品《聖

路易》(Saint-Louis)，及上演他最初創作的兩部悲劇《阿爾特》(Aërt) 與
《狼》(Les Loups)。西元 1899 年發表《理性的勝利》(Le Triomphe de la rai-
son)。羅曼・羅蘭早期寫了 7 個劇本，以歷史上的英雄事件為題材，試
圖以「革命戲劇」對抗陳腐的戲劇藝術。

在羅曼・羅蘭所處的時代，他認為世界追求的是利益，而不是信仰
和精神力量。但是，對西方社會的失望並沒有磨滅他的信仰，相反，卻
讓他更加堅信，英雄主義的理念和信念是一個真正活著的人不可缺少的
東西。他一直在努力，試圖喚醒人們的英雄夢想，希望透過激發人們的
熱情，來拯救這個垮掉的世界。羅曼・羅蘭最終選擇拿起自己的筆，為
他心中的英雄們編撰傳記，他要讓英雄的偉大感染人們，以便讓人們永
遠不要忘記人生的奮鬥目標。他要讓英雄的崇高安慰人們，好讓後人信
仰的航船永遠不會迷失正確的航向。

20 世紀初，他的創作進入一個嶄新的階段，羅曼・羅蘭為讓世人
「呼吸英雄的氣息」，替具有強大精神力量的英雄樹碑立傳，連續寫了幾
部名人傳記：《貝多芬傳》(Vie de Beethoven)（1902 年）、《米開朗基羅
傳》(Vie de Michel-Ange)（1906 年）和《托爾斯泰傳》(La Vie de Tolstoï)
（1911 年），統稱《名人傳》(Celebrity biography)。羅曼・羅蘭在《貝多芬
傳》的序言中寫道：「他絕非是為學術而寫，他只是受傷而窒息的心靈的
一支歌，在甦醒與振作之後。我紀念他，同時紀念他那偉大的一代，正
直而真誠的大師，他們教會了我們如何生、如何死。」貝多芬的音樂，和
羅曼・羅蘭的一生都密不可分，一直到生命的終了，羅曼・羅蘭都在研
究貝多芬。「把窗子推開吧，讓新鮮的空氣進來，讓英雄們帶給我們全新
的感觸」，羅曼・羅蘭如是說。羅曼・羅蘭以一種英雄主義的視角來注視
他們，他認為真正的英雄是誕生於孤獨之中，並勇於和苦難抗爭的人；

真正的英雄是面對痛苦，「懂得生活、熱愛生活」的具有堅定信念的人；真正的英雄更是不畏犧牲，勇於為終極真理奮鬥的人。在羅曼・羅蘭看來，這三位大師的三種不同命運，經歷著相同的苦難，造就了三個不平凡的人生，是一種偉大，一種崇高，更是一種不朽。

貝多芬的音樂和精神提供給羅曼・羅蘭非常重要的創作啟示，以至於他一生中最偉大的鉅著《約翰・克利斯朵夫》(Jean-Christophe) 的精神和原型都來自於貝多芬的一生，被俄國文學巨匠高爾基 (Maxim Gorky) 稱為「長篇敘事詩」，更被人們譽為「20 世紀最偉大的小說」。

《約翰・克利斯朵夫》共 10 卷，以主角約翰・克利斯朵夫的生平為主線，描述了這位音樂天才的成長、奮鬥和終告失敗。同時對德國、法國、瑞士、義大利等國家的社會現實，作了不同程度的真實寫照，控訴了資本主義社會對藝術的摧殘。全書猶如一部龐大的交響樂，每卷都是一個有著不同樂思、情緒和節奏的樂章。該小說於 1913 年獲法蘭西學院文學獎金，由此羅曼・羅蘭被認為是法國當代最重要的作家。

《約翰・克利斯朵夫》初次介紹到中國來的時候，羅曼・羅蘭曾經向中國作家說：「我不認識歐洲和亞洲，我只知道世界上有兩種民族 —— 一種是上升的，一種是下降的。上升的民族是忍耐、熱烈、恆久而勇敢地趨向光明的人們 —— 趨向一切的光明：學問、美、人類愛、公眾進步；而下降的民族是壓迫的勢力，是黑暗、愚昧、懶惰、迷信和野蠻。」

1914 年，第一次世界大戰爆發，羅曼・羅蘭定居日內瓦，他利用瑞士的中立國環境，寫出了一篇篇反戰文章。1914 年在《日內瓦日報》上發表「超然於紛爭之上」。1915 年為了表彰「他的文學作品中的高尚理想和他在描繪各種不同型別人物所具有的同情和對真理的熱愛」，羅曼・羅蘭被授予諾貝爾文學獎。但由於法國政府的反對，結果拖到 1916 年的 11

月 15 日，瑞典文學院才正式通知他這一決定。羅曼‧羅蘭將獎金全部贈送給國際紅十字會和法國難民組織。1917 年，俄國十月革命爆發，羅曼‧羅蘭與佛朗士（Anatole France）、巴布斯（Henri Barbusse）等著名作家一起反對歐洲帝國主義國家的干涉行動，他公開宣稱：「我不是布爾什維克，然而我認為布爾什維克的領袖是偉大的馬克思主義雅各賓派，他們正在從事宏偉的社會實驗。」

1924 年，發表《甘地傳》（*Mahatma Gandhi*）。1934 年，羅曼‧羅蘭與一位俄國婦女再婚。1931 年，發表〈向過去告別〉。1935 年 6 月，羅曼‧羅蘭應高爾基的邀請訪問蘇聯，並與史達林（Stalin）見面。1937 年 9 月，羅曼‧羅蘭在故鄉克拉姆西小鎮附近購買了房子，1938 年 5 月底他從瑞士返回故鄉定居。

不幸的是，羅曼‧羅蘭生活在一個陰暗的時代，他的一生充滿了傳奇，經歷了太多的高峰與谷底，甚至是失敗。他的一生，既充滿了對理想的追求，又無法避免地遭遇了理想的幻滅。但是這些都沒有阻止他用豪爽質樸的文筆，刻劃在時代的風浪中那些為追求正義、光明而奮勇前進的人。在這個意義上，羅曼‧羅蘭用自己的生命譜寫了一部英雄交響曲，並以其生命的最強音告訴人們：英雄，與信念同在。

羅曼‧羅蘭告訴人們：「世上只有一種英雄主義，就是在認清生活真相之後依然熱愛生活。」羅曼‧羅蘭將和歷史上各個民族各個時代的偉大的靈魂們一樣，永遠在我們的頭上照耀。

198
瑪里・居禮（西元 1867 年— 1934 年）

曾經發現和提純了鐳，自己卻 1 克也買不起。

瑪麗亞・斯克沃多夫斯卡・居禮（Marie Skłodowska Curie），世稱「居禮夫人」，西元 1867 年（清同治六年，丁卯兔年。諾貝爾發明矽藻土炸藥；坦普爾 1 號彗星被發現；《資本論》〔Das Kapital〕第一卷在德國正式出版；美國飛機設計師和發明家威爾伯・萊特〔Wilbur Wright〕出生；法拉第逝世）出生於波蘭王國華沙市的一個中學教師家庭，法國著名波蘭裔科學家、物理學家、化學家。

1903 年，居禮夫婦和貝克勒由於對放射性的研究而共同獲得諾貝爾物理學獎，1911 年，因發現元素釙和鐳再次獲得諾貝爾化學獎。瑪里・居禮的成就包括開創了放射性理論、發明分離放射性同位素技術、發現兩種新元素釙和鐳。在她的指導下，人們第一次將放射性同位素用於治療癌症。由於長期接觸放射性物質，瑪里・居禮於 1934 年 7 月 3 日因惡性白血病去世。

瑪里・居禮是歷史上第一個獲得兩項諾貝爾獎的人，而且是在兩個不同的領域。

1903 年伯特洛獎章（與皮耶・居禮合得）。

1903 年巴黎市榮譽獎章（與皮耶・居禮合得）。

1903 年戴維獎章，英國皇家學會（與皮耶・居禮合得）。

1904 年馬特奇獎章，義大利科學學會（與皮耶・居禮合得）。

1908 年克爾曼金獎章，利爾工業協會。

1909 年艾略特・克魯森金獎章，富蘭克林研究院。

1910 年阿爾伯特獎章，英國皇家藝術學會。

1919 年西班牙阿方斯十二世大十字勛章。

1921 年班傑明・富蘭克林獎章，美國哲學學會。

1921 年威拉德・吉布斯獎章，美國化學學會。

1922 年美國放射學學會金獎章。

1924 年羅馬尼亞政府一級勛章，有證書和金獎章。

1929 年紐約市婦女俱樂部聯合會獎章。

1931 年美國放射學學院獎章。

愛因斯坦說：「在所有的世界名人當中，瑪里・居禮是唯一沒有被盛名寵壞的人。」、「她一生中最偉大的功績 —— 證明放射性元素的存在並把它們分離出來 —— 所以能夠獲得，不僅僅是靠大膽的直覺，而且也靠著難以想像的和在極端困難的情況下工作的熱忱和頑強。這樣的困難，在實驗科學的歷史中是罕見的。瑪里・居禮的品德力量和熱忱，哪怕只有一小部分存在於歐洲的知識分子中間，歐洲就會面臨一個比較光明的未來。」

法國科學院院長：瑪里・居禮，您是一個偉大的學者，一個竭誠獻身工作和為科學犧牲的偉大女性，一個無論在戰爭中還是在和平時期始終為分外的責任而工作的愛國者，我們向您致敬。您在這裡，我們可以

從您那裡得到精神上的益處，我們感謝您；有您在我們中間，我們感到自豪。您是第一個進入科學院的法國婦女，是當之無愧的。

▋索爾維（西元 1838 年－ 1922 年）及索爾維會議

　　歐內斯特‧索爾維（Ernest Solvay），比利時工業化學家。西元 1860 年，索爾維到其叔父的煤氣廠工作，研究煤氣廢液的用途。他想從廢液中提取碳酸銨，但實驗失敗。西元 1861 年，他又用氨溶液、二氧化碳與氯化鈉混合製成碳酸鈉（稱為氨鹼法），但不知此反應已為前人發現過了。當年他獲得比利時政府給他的專利，在布魯塞爾開設了一個小廠從事試驗。西元 1863 年，他創辦了一個正式的製鹼工廠，實現了氨鹼法的工業化，使製鹼生產實現了連續化，氯化鈉的利用率也提高了很多。產品由於質量純淨，而被稱為純鹼。此時他才知道以前已有人獲得氨鹼法製鹼的專利權，但均未能實現工業化生產。索爾維製鹼法在世界上獲得迅速發展，到 1920 年代，已完全取代呂布蘭製鹼法。

　　1911 年 10 月 30 日，索爾維邀請包括瑪里‧居禮在內的當時世界上傑出的科學家們，在布魯塞爾舉辦了國際性的索爾維會議，探討物理學和化學發展中尚待解決的重大問題。參會的各國代表有，英國：拉塞福、金斯；法國：瑪里‧居禮、龐加萊、朗之萬、佩蘭（Jean Baptiste Perrin）、布里淵（Marcel Brillouin）；荷蘭：勞侖茲（大會主席）、昂內斯；丹麥：克努森（Martin Hans Christian Knudsen）；奧匈帝國：哈澤內爾（Friedrich Hasenöhrl）；德國：能斯特、普朗克、維因、索末菲、沃伯格（Emil Gabriel Warburg）、魯本斯（Heinrich Rubens）、愛因斯坦；大會紀錄祕書：德布羅意（Louis-César-Victor-Maurice, duc de Broglie）。正是這個德布羅意，把大會紀錄給其弟弟看了，讓路易‧維克多‧德布羅意為

量子著迷，從此轉向學習物理，最後提出了物質波（波粒二象性）。

　　後來定為每 3 年召開一次，並分為索爾維物理學會議和索爾維化學會議。索爾維是一個很像諾貝爾的人，本身既是科學家又是家底雄厚的實業家，萬貫家財都捐給了科學事業。諾貝爾是設立了以自己名字命名的科學獎金，索爾維則是提供了召開世界最高水準學術會議──「索爾維會議」的經費。第一屆索爾維會議於 1911 年在布魯塞爾召開，後來雖然一度被第一次世界大戰打斷，但從 1921 年開始又重新恢復，定期 3 年舉行一屆。到 1927 年，這已經是第五屆索爾維會議了，因為發軔於這次會議的阿爾伯特・愛因斯坦與尼爾斯・波耳兩人的大辯論，這次索爾維峰會被冠之以「最著名」的稱號。第五屆會議參會科學家照片見本篇篇首。從 1911 年召開第一次會議起，到 1982 年已舉辦過 18 次。前 17 次都在布魯塞爾舉行，第 18 次會議在美國舉行，美籍華裔物理學家楊振寧應邀出席。到 2017 年，已經舉行了 27 屆。

199
索末菲（西元 1868 年－ 1951 年）

　　量子力學與原子物理學的開山鼻祖：普朗克是權威，愛因斯坦是天才，索末菲是老師。

　　阿諾·索末菲（Arnold Sommerfeld），西元 1868 年（清同治七年，戊辰龍年。愛迪生〔Edison〕獲得他的第一份專利；康乃爾大學誕生；日本明治維新開始）出生於東普魯士的柯尼斯堡（今俄羅斯加里寧格勒），卒於巴伐利亞的慕尼黑。德國物理學家，量子力學與原子物理學的開山鼻祖。他對原子結構及原子光譜理論有重大貢獻。對陀螺的運動、電磁波的傳播以及金屬的電子論也有成就。

　　他也是一位傑出的老師，教導和培養了很多優秀的理論物理學家。索末菲是目前為止教導過最多諾貝爾物理學獎得主的教師之一。

　　他的主要興趣在 X 射線和 γ 射線方面，勞厄對 X 射線的研究就是在他的帶動下進行的。

　　西元 1886 年在柯尼斯堡大學主修數學，西元 1891 年獲博士學位後，在哥廷根大學作克萊因的助手。西元 1897 年任克勞斯塔爾礦業學校數學教授，1900 年任亞琛技術學院教授。1906 年起任慕尼黑大學理論物理學教授。

　　1916 年，在慕尼黑大學工作期間他做了最重要的研究工作，提出用橢圓軌道代替波耳原子的圓軌道，引入軌道的空間量子化等概念，成功地解釋了氫原子光譜和重元素 X 射線譜的精細結構以及正常塞曼效應。在對波耳的理論提出修正時，他把愛因斯坦的相對論應用於高速運動的電子。這樣，相對論和普朗克的量子都在這種原子模型中找到了自己的位置。人們往往把這種原子模型稱為波耳－索末菲原子模型。

　　索末菲發現了精細結構常數，一個關於電磁相互作用的很重要的常數。獲得過馬克斯‧普朗克獎章、勞侖茲獎章、奧斯特獎章。

　　除此以外，索末菲也是一位非常了不起的老師：他的學生裡，先後有德拜（1936 年，化學）、海森堡（1932 年，物理）、包立（1945 年，物理學）、貝特（Hans Bethe）（1957 年，物理學）、鮑林（1954 年，化學；1962 年，和平）、拉比（Isidor Rabi）（1944 年，物理學）和勞厄（1914 年，物理學）等 7 人獲得了諾貝爾獎。自然索末菲就成了諾貝爾物理學獎的熱門人選。事實上，索末菲曾先後 81 次被提名為諾貝爾獎的有效候選人，創下前無古人後無來者的紀錄，但卻一次也沒拿到諾貝爾物理學獎。可能是因為缺乏一個突出的「個人英雄主義」式的貢獻，直到逝世，也沒能迎來一次屬於自己的諾貝爾獎。後人曾說，如果那年他沒有因為車禍意外去世，理應評上諾貝爾物理學獎。

　　據說他無法得獎的一個非常重要的原因是，量子力學教父波耳一直反對。索末菲與波耳之間的關係一開始非常融洽。正如他在給女兒的信中所寫，他們「真正地成為了朋友」。索末菲的重要成果也是建立在將波耳的氫原子模式進行推廣的基礎上。但他在這一過程中發現波耳「開始在自己的園子裡摘果子」，就迅速發表研究成果，將波耳的「圓周軌道」擴展成索末菲的「橢圓軌道」，「波耳－索末菲模型」得以建立。兩人的物

理觀念不同，在很多問題上的看法也存在差異。後來波耳在 1922 年獲得諾貝爾獎，而索末菲屢獲提名卻未果時，他懷疑這很可能跟波耳有關。但從目前公開的諾貝爾獎提名文件看，沒有任何資料證明波耳曾阻止過索末菲獲獎。

像那一時代大多數德國學者一樣，索末菲不可避免地具有時代的局限：對國家無條件的忠誠，把軍國主義視作德國文化不可分割的一部分。後來在納粹當政後，遇到的一些事情開始讓他反省。尤其是 1935 年 4 月，索末菲到了退休年齡，納粹教育當局任命力學教授威廉・米勒作為他的接任者，米勒沒發表過一篇理論物理學論文，甚至不是德國物理學會的會員。這直接羞辱了索末菲，讓他清醒過來。

「他是一個愛國者，一個科學家，一個受到迫害後又自我反省的人。終其一生的表現，他配得上一位正直學者的稱號。這樣的學者在任何一個時代都是稀缺品。」

1951 年 4 月在與孫子外出時，索末菲被一輛汽車撞倒後不治而逝世。

200
拉塞福（西元 1871 年－1937 年）

原子核物理學之父。

歐內斯特·拉塞福（Ernest Rutherford），西元 1871 年（清同治十年，辛未羊年）生於紐西蘭納爾遜。英國著名物理學家，原子核物理學之父。學術界公認他為繼法拉第之後最偉大的實驗物理學家。

23 歲時獲得了三個學位（文學學士、文學碩士、理學學士）。西元 1895 年在紐西蘭大學畢業後，獲得英國劍橋大學的獎學金進入卡文迪許實驗室，成為湯姆森的研究生。提出了原子結構的行星模型，為原子結構的研究作出重大貢獻。西元 1898 年，在湯姆森的推薦下，擔任加拿大麥吉爾大學的物理學教授。他在那裡待了 9 年。於 1907 年返回英國出任曼徹斯特大學的物理系主任。1919 年接替退休的湯姆森，擔任卡文迪許實驗室主任。1925 年當選為英國皇家學會會長。1931 年受封為納爾遜男爵，1937 年 10 月 19 日因病在劍橋逝世，與牛頓和法拉第並排安葬，享年 66 歲。

拉塞福首先提出放射性半衰期的概念，證實放射性涉及從一個元素到另一個元素的嬗變。他又將放射性物質按照貫穿能力分類為 α 射線與 β 射線，並且證實前者就是氦離子。因為「對元素蛻變以及放射化學的研究」，他榮獲 1908 年諾貝爾化學獎。

拉塞福領導團隊成功地證實在原子的中心有個原子核，建立了拉塞福模型（行星模型）。他最先成功地在氮與 α 粒子的核反應裡將原子分裂，後又發現了質子，並且為質子命名。第 104 號元素為紀念他而命名為「鑪」。

當人們評論拉塞福的成就時，總要提到他「桃李滿天下」。在拉塞福的悉心培養下，他的學生和助手有多人獲得了諾貝爾獎，包括波耳、查德威克等。

有人說，如果世界上設立培養人才的諾貝爾獎金的話，那麼拉塞福是第一號候選人。

拉塞福被譽為「從來沒有樹立過一個敵人，也從來沒有失去一位朋友」的人。

201
朗之萬（西元 1872 年－ 1946 年）

以其對順磁性和抗磁性的研究而聞名。

保羅・朗之萬（Paul Langevin），西元 1872 年（清同治十一年，壬申猴年。第一批幼童詹天佑、梁敦彥、黃開甲等 30 人赴美留學）生於法國巴黎，物理學家。主要貢獻有朗之萬動力學及朗之萬方程式。朗之萬為法國共產黨員，強烈反對納粹，因而在維希政府時期聲望大受影響，但法國光復後聲望得到恢復。1931 年曾到中國考察。

西元 1897 年畢業後，他來到劍橋大學，在約瑟夫・湯姆森的指導下於卡文迪許實驗室學習。後來，朗之萬回到巴黎大學，並在皮耶・居禮的指導下於 1902 年獲得博士學位。

1904 年，朗之萬成為法蘭西學院的物理學教授。

1909 年，任法蘭西學院教授。

1926 年，成為巴黎市立高等工業物理化學學校主任。

1930 年和 1933 年曾兩度當選為索爾維物理學會議主席。

1931 年－ 1932 年，朗之萬受國際聯盟指派考察中國教育，在他的建議和推動下，中國物理學會在北京成立（1932 年）。

1934 年入選法國科學院。

　　朗之萬以次級 X 射線、氣體中離子的性質、氣體分子動理論、磁性理論以及相對論方面的工作著稱。朗之萬以其對順磁性及抗磁性的研究而聞名，他提出用現代的原子中的電子電荷去解釋這些現象。他最著名的研究是使用皮耶‧居禮的壓電效應的紫外線應用。第一次世界大戰期間，為了探測潛艇，利用石英的壓電振動可獲得水中的超音波，他開始用聲波去探測潛艇並以其回音確定其位置的研究。但裝置能運作時，大戰已經結束。他對相對論在法國的傳播做了大量的工作。

　　1905 年提出關於磁性的理論，用基元磁體的概念對物質的順磁性及抗磁性作了經典的說明。1908 年發展了布朗運動的漲落理論。

　　同時，他堅決反對法西斯，反對侵略，在第二次世界大戰期間，曾被德國占領軍逮捕入獄，和法西斯進行了嚴正的抗爭。1931 年，中國「九一八」事變後，朗之萬受共產國際的委託來中國考察教育，對中國人民的抗日行動大力聲援，並批評國際聯盟對日本侵略者的縱容。他呼籲中國物理學界聯合起來，催生了中國物理學會的成立，他本人也成為中國物理學會第一位名譽會員。

　　朗之萬沒有獲得諾貝爾獎，但是他培養的一個博士生，不僅獲得了諾貝爾獎，而且名傳天下，他的名字叫德布羅意。

202
愛因斯坦（西元 1879 年－ 1955 年）

牛頓以後最偉大的物理學家，沒有之一。

> 阿爾伯特・愛因斯坦（Albert Einstein），西元 1879 年（清光緒五年，己卯兔年。俄國化學家康斯坦丁・法勒伯格〔Constantin Fahlberg〕發現糖精；愛迪生發明電燈；馬克士威逝世）出生於德國符騰堡王國烏爾姆市，猶太裔物理學家。

愛因斯坦，德文為 Ein Stein，意思是一塊石頭。

西元 1882 年（3 歲），他還不能說話，但對指南針著迷。

西元 1889 年（10 歲），在醫科大學生塔爾梅（Max Talmey）引導下，閱讀通俗科學讀物和哲學著作。

西元 1891 年（12 歲），愛因斯坦自學歐幾里得幾何，對數學狂熱的喜愛，同時開始自學高等數學。

西元 1892 年（13 歲），愛因斯坦開始讀康德的著作。

西元 1894 年（15 歲），愛因斯坦全家移居義大利。

西元 1895 年（16 歲），愛因斯坦自學完微積分。同年，愛因斯坦在瑞士理工學院的入學考試失敗。愛因斯坦開始思考當一個人以光速運動時會看到什麼現象。對經典理論的內在矛盾產生困惑。

西元 1896 年（17 歲），愛因斯坦獲阿勞中學畢業證書。10 月 29 日，

愛因斯坦遷居蘇黎世並在瑞士聯邦理工學院就讀。

1900 年 8 月（21 歲），愛因斯坦畢業於蘇黎世聯邦工業大學；12 月完成論文「由毛細管現象得到的推論」，次年發表在萊比錫《物理年鑑》（*Annalen der Physik*）上，並加入瑞士國籍。

1905 年，獲蘇黎世大學哲學博士學位，這一年愛因斯坦提出光子假設，成功解釋了光電效應。

1905 年創立狹義相對論，1915 年創立廣義相對論。

1955 年 4 月 18 日去世，享壽 76 歲。

1914 年 4 月，35 歲的愛因斯坦接受德國科學界的邀請，遷居柏林。8 月，即爆發了第一次世界大戰。他雖身居戰爭的發源地，生活在戰爭鼓吹者的包圍之中，卻堅決地表達了自己的反戰態度。9 月，愛因斯坦參與發起反戰團體「新祖國同盟」，在這個組織被宣布為非法、成員大批遭受逮捕和迫害而轉入地下的情況下，愛因斯坦仍堅持參加這個組織的祕密活動。10 月，德國的科學界和文化界在軍國主義分子的操縱和煽動下，發表了《九三宣言》（*Manifest der 93*），為德國發動的侵略戰爭辯護，鼓吹德國高於一切，全世界都應該接受「真正德國精神」。在「宣言」上簽名的有 93 人，都是當時德國有聲望的科學家、藝術家和牧師等。就連能斯特、倫琴、奧士華、普朗克等都在上面簽了字。當徵求愛因斯坦簽名時，他斷然拒絕了，而同時他毅然在反戰的《告歐洲人書》（*Manifesto to the Europeans*）上簽上了自己的名字。

1921 年，42 歲的愛因斯坦因光電效應研究而獲得諾貝爾物理學獎，他的研究推動了量子力學的發展。1 月，他訪問布拉格和維也納，1 月 27 日在普魯士科學院作「幾何學和經驗」的報告。2 月，去阿姆斯特丹參加國際工聯會議。4 月至 5 月，為了替耶路撒冷的希伯萊大學的建立籌

集資金，與魏茲曼（Chaim Azriel Weizmann）一起首次訪問美國。在哥倫比亞大學獲巴納德勳章，在白宮受哈丁（Warren Gamaliel Harding）總統接見。6月，訪問英國，拜謁了牛頓墓地。

1922年1月，43歲時完成關於統一場論的第一篇論文。3月－4月訪問法國，努力促使法德關係正常化。7月，受到被謀殺的威脅，暫離柏林。沿途訪問科倫坡、新加坡、香港和上海。

1929年2月，發表了「統一場論」，之後躲到郊外安靜地度過50歲生日。

1932年，53歲的愛因斯坦和妻子離開德國去美國訪問，他們從此再也沒有踏上德國的領土。

愛因斯坦提出的相對論，開創了現代科學技術新紀元。他被公認為是繼伽利略、牛頓以來最偉大的物理學家。1999年12月26日，愛因斯坦被美國《時代週刊》（Time）評選為「世紀偉人」。

古希臘人認為行星的運動軌跡是圓，符合數學（幾何）規則，是和諧的；牛頓認為行星的運動和地球上任何物體的運動都是相同的，因為存在萬有引力；愛因斯坦的想法是，如果沒有參照系，物體就沒有運動；行星能繞太陽運轉並不是因為受到力，而是因為空間是扭曲的緣故。

在愛因斯坦的一生中，有兩個人不得不說。一個是普朗克，另一個就是勞厄。愛因斯坦提到他們時說過，「普朗克百分之六十堪稱高貴」。但是，他緊接著又說道：「勞厄百分之百。其他人都不怎麼樣！」

引力波

在愛因斯坦的廣義相對論中，引力被認為是時空彎曲的一種效應。這種彎曲是因為質量的存在而導致的。通常而言，在一個給定的體積內，包含的質量越大，那麼在這個體積邊界處所導致的時空曲率越大。當一個有質量的物體在時空中運動的時候，曲率變化反映了這些物體的位置變化。在某些特定環境之下，加速物體能夠對這個曲率產生變化，並且能夠以波的形式向外以光速傳播。這種傳播現象稱為引力波。

當一個引力波通過一個觀測者的時候，因為應變效應，觀測者就會發現時空被扭曲。當引力波通過的時候，物體之間的距離就會發生有節奏的增加和減少，這個頻率對應引力波的頻率。這種效應的強度與產生引力波源之間的距離成反比。繞轉的雙中子星系統被預測，當它們合併的時候，是一個非常強的引力波源，因為當它們彼此靠近繞轉時所產生的強大加速度。由於通常我們距離這些源非常遠，所以在地球上觀測到的效應非常小，形變效應小於 10^{-21}。科學家們已經利用更為靈敏的探測器證實了引力波的存在。

透過研究引力波，科學家們能夠區分最初宇宙奇點所發生的事情。原則上，引力波在各個頻率上都有。不過非常低頻的引力波是不可能探測到的，在非常高頻的區域，也沒有可靠的引力波源。霍金 (Stephen Hawking) 和以色列 (Werner Israel) 認為可以被探測到的引力波頻率應該在 10^{-7} ～ 10^{11}Hz 之間。

黑洞

黑洞不是洞，是現代廣義相對論中，宇宙空間內存在的一種天體。黑洞的引力很大，使得視界內的逃逸速度大於光速。「黑洞是時空曲率大到光都無法從其事件視界逃脫的天體。」

1916 年，德國天文學家卡爾‧史瓦西（Karl Schwarzschild）透過計算得到了愛因斯坦引力場方程式的一個真空解，這個解顯示，如果將大量物質集中於空間一點，其周圍會產生奇異的現象，即在質點周圍存在一個介面——「視界」，一旦進入這個介面，即使光也無法逃脫。這種「不可思議的天體」被美國物理學家約翰‧惠勒（John Wheeler）命名為「黑洞」。

黑洞就是一個中心的密度無限大、時空曲率無限高、體積無限小、熱量無限大的奇點和周圍一部分空空如也的天區，這個天區範圍之內不可見。依據愛因斯坦的相對論，當一顆垂死恆星崩潰，它將聚集成一點，這裡將成為黑洞，吞噬鄰近宇宙區域的所有光線和任何物質。

黑洞的產生過程類似於中子星：某一個恆星正走向滅亡，核心在自身重力的作用下迅速地收縮、塌陷，發生強力爆炸。當核心中的所有物質都變成中子時收縮過程立即停止，被壓縮成一個密實的星體，同時也壓縮內部的空間和時間。一旦恆星耗盡燃料，就失去了與自身引力對抗的熱壓力，從而繼續收縮。根據恆星質量，它們有三種結局：白矮星、中子星和黑洞。

在黑洞情況下，由於恆星核心的質量大到使收縮過程無休止地進行下去，連中子間的排斥力也無法阻擋。中子本身在擠壓引力自身的吸引下被碾為粉末，剩下的是一個密度高到難以想像的物質。由於高質量而

產生的引力，使得任何靠近它的物體都會被吸進去。

　　與別的天體相比，黑洞十分特殊。人們無法直接觀察到它，科學家也只能對它的內部結構提出各種猜想。而使得黑洞把自己隱藏起來的原因即彎曲的時空。根據廣義相對論，時空會在引力場作用下彎曲。這時候，光雖然仍然沿任意兩點間的最短光程傳播，但相對而言它已彎曲。在經過大密度的天體時，時空會彎曲，光也就偏離了原來的方向。

　　1974 年，經過計算，霍金驚奇地發現黑洞具有溫度。黑洞越大，溫度越低。最令人驚奇的發現還是所有的黑洞只需要用三個數字描述，即黑洞的質量、自旋和電荷。無論黑洞是如何形成的，所有的訊息都會被簡化成這三個數字，惠勒將它稱為「無毛定理」。

　　2015 年，人類第一次聽到黑洞的聲音：13 億年前，兩個遙遠的黑洞相互繞轉合併，輻射出無毛苦苦追尋的「引力波」。人類「聽到」了它，探測到了它，但人類還想「看到」它。

　　中原標準時間 2019 年 4 月 10 日 21 時，人類真的「看到」了它。首張黑洞照片面世，該黑洞位於室女座一個巨橢圓星系 M87 的中心，距離地球 5,500 萬光年，質量約為太陽的 65 億倍。它的核心區域存在一個陰影，周圍環繞一個新月狀光環。愛因斯坦廣義相對論被證明在極端條件下仍然成立。

203
勞厄（西元 1879 年－ 1960 年）

「勞厄百分之百高貴，其他人都不怎麼樣！」

馬克斯・馮・勞厄（Max von Laue），西元 1879 年（清光緒五年，己卯兔年）生於德國科布倫茲附近的普法芬多夫，物理學家。1912 年發現了晶體的 X 射線繞射現象，並因此獲得諾貝爾物理學獎。這是固體物理學中具有里程碑意義的發現，從此，人們可以透過觀察繞射花紋研究晶體的微觀結構，並且對生物學、化學、材料科學的發展都造成了強大的推動作用。1953 年，華生和克里克就是透過 X 射線繞射方法得到了 DNA 分子的雙螺旋結構。

勞厄是一位正直和有骨氣的科學家，在整個第三帝國時期，他始終反對民族主義和德國的法西斯暴政，曾給予愛因斯坦強大的精神援助。

西元 1898 年－ 1903 年，先後在史特拉斯堡大學、哥廷根大學、慕尼黑大學學習。1903 年獲得柏林大學博士學位。1905 年－ 1909 年，在柏林大學理論物理研究所擔任普朗克的助手。1909 年在慕尼黑大學、蘇黎世大學、法蘭克福大學和柏林大學任教授。1919 年任柏林大學理論物理研究所所長。1949 年被評為英國皇家學會會員。1951 年任普朗克物理化學研究所所長。他曾獲得曼徹斯特大學和芝加哥大學的名譽學位，還是柏林、紐約、維也納等科學院的院士。

　　1905 年，勞厄在普朗克的討論班上得悉愛因斯坦的工作，深為關於空間時間的這個新思想所吸引；1907 年他專程去伯爾尼拜訪了愛因斯坦，他們從此成為終生的摯友。

　　從 1912 年起先後在蘇黎世大學和法蘭克福大學任教，1919 年回到柏林大學任物理學教授。在柏林期間，勞厄成為德國物理學界的權威之一，曾擔任德國物理學會會長。勞厄為人正直，本無意於政治活動，但當科學研究自由受到威脅時，他總是義正詞嚴地捍衛它。

　　1920 年，當菲利普‧萊納德等人在柏林召開反愛因斯坦廣義相對論公開集會的第二天，勞厄就和能斯特、海因里希‧魯本斯聯名在《柏林日報》上發表公開信予以反擊。

　　在納粹統治時期，1933 年在符茲堡舉行的全德物理學家年會上，勞厄以物理學會會長的身分致開幕詞。他在講話的末尾引用伽利略堅持哥白尼的日心說而遭到教會迫害這一歷史事件，間接捍衛了當時正受到主張所謂「德意志物理學」的納粹黨徒攻擊的愛因斯坦和其他猶太科學家。最後的結束語是：「然而，在任何壓迫面前，科學的捍衛者都具有完全勝利的信念，這信念就是伽利略的這一句話：『無論如何，它在運動！』」勞厄的聲音比伽利略的大得多！同年他不顧約翰尼斯‧史塔克（德國另一位物理學家，1919 年因發現「史塔克效應」而獲諾貝爾物理學獎）的威脅，拒絕參加史塔克召集的擁護納粹的集會。在第二次世界大戰期間，他從未參與有關軍事的科學活動。

以下內容摘自文章「請問候勞厄」：

　　1940 年，定居美國 7 年的愛因斯坦入美國國籍，其後物理學家埃瓦爾德（Paul Peter Ewald）（索末菲的學生、勞厄的好友，1933 年因反納粹控制教育憤而辭去司徒加特理工大學校長，1938 年流亡國外）到美國散

心，專程到普林斯頓與愛因斯坦相聚，分別時愛因斯坦對埃瓦爾德說：「請問候勞厄！」埃瓦爾德問：「也問候普朗克吧？」話音未落，愛因斯坦堅定重複道：「請問候勞厄！」很久後埃瓦爾德在回憶文章中寫道：「普朗克只是個悲劇角色。英雄只有一個，他是勞厄，而不是普朗克。時至今日，我方恍然大悟。」

普朗克是德國的牛頓，1918 年諾貝爾物理學獎得主，量子論先驅，威廉皇家促進科學協會會長，德國科學界深孚眾望的偉大領袖。這位學養深厚的貴族教授溫文爾雅，平易近人，贏得世人的廣泛愛戴。那麼，普朗克跟愛因斯坦又是什麼關係？

普朗克是愛因斯坦的伯樂、知音和良師益友。愛因斯坦奇蹟年的 5 篇論文能在《物理年鑑》發表並非偶然：普朗克就是《物理年鑑》的出版人。在那個愛因斯坦還不為人知的時期，是他親赴瑞士禮聘愛因斯坦。愛因斯坦課上得很糟，可普朗克就在聘書裡明文規定：聘請愛因斯坦為柏林洪堡大學講習教授，不用上課！其實他倆在科學上經常意見相左。愛因斯坦提出「光量子假說」，普朗克非常不以為然。但他推薦愛因斯坦為威廉皇家科學院院士，推薦書卻白紙黑字寫道：「有時他在科學猜想上也可能與目標差之毫釐 —— 比如他關於光量子的假設 —— 但我們不應責之太深。如果沒一點冒險精神，那最精確的科學也無法真正推陳出新。」語多偏袒，卻明明白白說著否定。

1916 年他提前引退德意志物理學會會長一職，而他力薦的繼任者，正是年不高、德亦不甚劭、名更尚未滿天下的愛因斯坦。在愛丁頓證實相對論之前，普朗克是唯一高度評價愛因斯坦的著名物理學家！投桃報李，當蘇黎世理工大學發出薪酬遠高出柏林大學的任教邀請時，愛因斯坦出於對普朗克的忠誠當場拒絕。

然而，吾愛吾師，吾更愛真理！

「請問候勞厄！」這是愛因斯坦送給全世界每一個知識分子的如山贈言，是愛因斯坦對德國知識分子的一部長篇起訴書：德國挑起兩次世界大戰，德國知識分子也罪責難逃。

第一次世界大戰時期臭名昭著的《告文明世界書》(*An die Kultur-welt!*，即《九三宣言》)，只有愛因斯坦攜兩名科學家強烈譴責，宣言上簽字的竟然赫赫有 93 位德國學術菁英，普朗克、倫琴、奧士華、哈伯、費歇爾 (Hermann Emil Fischer) 等均赫然側身其間。而相反，幾天後愛因斯坦與瑪里・居禮等簽署了《告歐洲人書》，宣布：「歐洲必須聯合起來保護它的土地、人民和文化」，要推展「聲勢浩大的歐洲統一運動」，這份宣言在洪堡大學教職員工中傳閱甚廣，但簽名者僅數人。羅曼・羅蘭專程拜訪愛因斯坦，他在當天日記中寫道：「愛因斯坦對德國的判斷難以置信地超然和公正，超越所有德國人。」愛因斯坦的超然甚至令羅曼・羅蘭疑惑：「在這個惡夢般的歲月，思想遭到如此孤立的人都會痛苦莫名，愛因斯坦卻不然，他剛才還笑呢。」第一次世界大戰結束，德國敗降，普朗克等學者才公開為《告文明世界書》道歉。

然而，羅素說：「人類唯一的歷史教訓就是忘記了歷史的教訓。」不到十年，納粹法西斯席捲德國，德國學者集體忘卻前朝舊事，再次緊跟「元首」！普朗克也曾小心翼翼陳情「元首」，驅逐所有猶太科學家會為德國科學帶來無法挽回的損失，但結局依舊是被喝斥，幾乎被趕出總理府。可能絕大多數知識分子總是認為邀得權勢垂青才能真正展現自己的價值，而其下場幾乎永遠如是。

1933 年 3 月，愛因斯坦在與美國記者談話時講：「只要我還可以選擇，我將只在具有政治自由、寬容和所有公民在法律面前人人平等的國

家停留……德國目前不具備這些條件！」德國報紙大規模負面炒作此次發言。這時候德國就上演了眾所周知的「海曼宣告」事件：在 3 位祕書缺席、不足法定人數的情況下，普魯士科學院終身祕書海曼（Ernst Heymann）於 4 月 1 日宣讀了那份可恥的〈普魯士科學院反愛因斯坦聲明〉，宣布科學院「沒有機會為愛因斯坦的辭職而感到惋惜」（意思就是他已經先被開除了）。此時的德國唯有勞厄勇於站出來，要求普魯士科學院召開全體院士非常會議，重議「海曼宣告」。四處奔走後，只有兩個院士在建議書上簽名，求援電話打到普朗克那裡：「這裡需要你親自出席會議。」普朗克卻選擇沉默不語。

科學院的會議還是開了，會議結果是一致贊同「海曼宣告」，並且「對他堅持不懈的努力甚為感激」。這一天柏林衝鋒隊暴徒占領大學、研究所及醫院，把猶太人攆出大門，肆意凌辱虐待，他們還闖入國家圖書館搶走猶太讀者的借書證，並禁止市民去所有猶太人開的店鋪買東西。德國對猶太人的迫害，從這一天開始進入國家層面。三天後納粹衝鋒隊進駐全德的大學和研究院，猶太人被趕出「教育戰線」。整個德國科學界，包括普朗克和發明 X 光的倫琴，噤若寒蟬。希特勒廢除了德國大學不得解僱教授的數百年傳統，凡反對「元首」的，無論職稱多高，資歷多老，一律當場開除。

對愛因斯坦的迫害開始逐步更新：親人被盤查，住宅被搜查，存款、保險箱、遊艇被沒收，木屋被充公。愛因斯坦在致友人信中說：「您知道我從未（在道德和政治方面）高估德國人。但我必須承認，他們殘暴和怯懦的程度超乎我的想像。」當他寫信回國要求退出德意志物理學會等組織時，這封信他沒有寄給普朗克，收信人是勞厄。愛因斯坦在信中說：「我知道名冊中還有我參加的組織，由於無法澄清，可能為仍在德國的許

多朋友帶來大麻煩。因此，我委託您盡可能把我的名字從這些組織中刪去，包括德意志物理學會……我全權委託您代為處理，過程中最好避免橫生枝節。」

滄海橫流，勞厄方顯出英雄本色。哈伯是德國的「毒氣之父」，他把自己所有聰明才智都獻給了德國。但因是猶太人，所以被驅逐出境。當他被這一打擊摜倒在床時，在他床前看護的還是勞厄。他還在公開演講中把哈伯比作古代雅典著名的政治家和軍隊統帥地米斯托克利（Themistocles）。勞厄本人是退役軍官，但當退役軍官協會要求所有成員集體加入納粹組織時，勞厄冒著生命危險一口回絕。猶太科學家哈恩流亡國外不幸去世，勞厄公開發表文章盛讚他對科學的光輝貢獻。他還成功拒萊納德於德國物理學界之外。

其實，不應過分指責普朗克，他是典型的 19 世紀的紳士和科學家，有一顆貴而善良的心，在受到不公正待遇時，情願委屈自己。在納粹強權面前，他連自己家人也保護不了。看到愛因斯坦與哈伯等猶太科學家的遭遇，痛苦但束手無策。

1954 年的大西洋彼岸，為美國贏得第二次世界大戰立下不世功勳的核彈之父奧本海默慘遭麥卡錫分子迫害，以民主自由平等笑傲世界的諾大美國，居然只有一位科學家站出來替他仗義執言。他就是來自德國的愛因斯坦。

很多人不理解為什麼勞厄要冒著生命危險留在德國，更多的人不理解留在德國的他為什麼不像絕大多數科學家那樣去從事「純科學」，而非要跟法西斯政府對抗。第二次世界大戰後有人問勞厄為什麼不選擇流亡，憑他的聲譽可在任何國家謀得高職。勞厄回答：「我不想去搶國外那些可憐的位置，我的同事比我更需要它。更重要的是，我希望，而且我

預見到『第三帝國』定會崩潰，崩潰後的廢墟，就是重建德國文化的大好時機。當天賜良機之時，我不希望身在國外。」勞厄選擇留在德國，非一時意氣，匹夫之勇。他知道自己定會親歷創造德國偉大歷史的光榮時刻。在這個時刻，他選擇「在場」！

1943 年終於為納粹當局強令，勞厄從柏林大學提前退休。當 1946 年英國皇家學會主持召開國際結晶學會議時，他是應邀參加會議的唯一一位德國學者。歡迎宴會上，英國皇家學會會長當著濟濟一堂的戰勝國科學名流，獨將祝詞獻給唯一來自戰敗國的學者 —— 以生命為劍，誓不脅從納粹的勞厄。他還參加了英國舉行的牛頓紀念大會。在這兩個會議上，勞厄在納粹統治時期為維護學術尊嚴和科學自由的行為備受讚揚，與會者稱他是真正的人和真正的科學家。1957 年法國授予勞厄榮譽軍團勳章以表彰他捍衛人的尊嚴和自由的功績。

勞厄於 1960 年 4 月 23 日在柏林逝世。科學史上，勞厄不能望普朗克之項背，雖然他這個學生獲諾貝爾獎比老師還早 4 年；然而，在科學英雄史上，勞厄讓普朗克望塵莫及！

勞厄真正做到了「窮則獨善其身，達則兼善天下」！

「請問候勞厄！」這是愛因斯坦一生的最大問候！

康德說：「良心，就是我們自己意識到內心法庭的存在！」

▌萊納德（西元 1862 年－ 1947 年）

菲利普・萊納德（Philipp Lenard），德國物理學家。萊納德在研究陰極射線時曾獲得卓越成果，1905 年為此獲得諾貝爾獎。他用實驗發現了光電效應的重要規律。他也提出過一種原子結構設想。萊納德像他同時

代的湯姆森和拉塞福一樣是著名的實驗物理學家，但是他反對愛因斯坦的狹義相對論。萊納德從反猶太人的種族主義立場出發，1920 年起多次在公開場合批判猶太科學家愛因斯坦，並鼓吹所謂的「德意志物理學」。

希特勒上臺後，萊納德加入了納粹黨籍，成為希特勒無比忠誠的科學顧問，宣揚希特勒的種族主義和排猶太主義理論。而作為回報，納粹黨將萊納德作為德國物理學的領袖，納粹在物理學界的代理人。萊納德是一個狹隘民族主義者，儘管如此，萊納德仍是一位優秀的實驗物理學家。

■ 史塔克（西元 1874 年－ 1957 年）

約翰尼斯・史塔克（Johannes Stark），德國著名物理學家，種族主義者，史塔克效應的發現者。西元 1874 年生於希肯奧夫的上帕拉蒂那特。西元 1894 年起進入慕尼黑大學學習，西元 1897 年獲博士學位。1900 年任哥廷根大學講師。不久轉到哥廷根物理研究所工作。1909 年在亞琛技術學院任教授。1920 年在符茲堡成為維因的繼任者，由於和同事們爭吵，離開符茲堡回到故鄉。史塔克以精湛的研究成果在原子物理學領域獨領風騷數年。在研究陽極射線過程中發現了一種重要規律，並發現了史塔克效應、史塔克－愛因斯坦方程式、史塔克數等。因發現極隧射線的都卜勒效應及電場中的分裂而獲 1919 年諾貝爾物理學獎。

史塔克是一個種族主義者，希特勒上臺後加入納粹黨籍。被希特勒任命為德國物理技術研究所所長，成為萊納德的同盟。曾多次在公開場合批判和攻擊海森堡。後因屢次干涉納粹上層官員的事物，被開除納粹黨籍。1947 年被盟國軍事法庭宣判服苦役 4 年。於 1957 年在巴伐利亞老家的莊園裡去世。

204
伍連德（西元 1879 年－1960 年）

1935 年諾貝爾生理學或醫學獎候選人。

> 馬來西亞華僑，公共衛生學家，醫學博士，中國檢疫、防疫事業的先驅，中華醫學會首任會長，北京協和醫學院及北京協和醫院的主要籌辦者，1935 年諾貝爾生理學或醫學獎候選人。

1910 年末，東北地區突發鼠疫並大流行，他受任全權總醫官，深入疫區領導防治。1911 年，他主持召開了萬國鼠疫研究會議。在他竭力提倡和推動下，中國收回了海港檢疫的主權。1918 年，建立北京中央醫院並任首任院長。1922 年，受奉天督軍張作霖委託，在瀋陽建立東北陸軍總醫院，該院是中國歷史上第一座大型軍醫院。1926 年，創辦哈爾濱醫學專門學校（哈爾濱醫科大學前身），並任第一任校長。

1910 年 12 月，肺鼠疫在東北大流行。疫情蔓延迅速，吉林、黑龍江兩省死亡達 39,679 人，占當時兩省人口的 1.7%，哈爾濱一帶尤為嚴重。當時清政府尚無專設的防疫機構，俄國、日本均以保護僑民為由，要求獨攬防疫工作，甚至以派兵相要挾。迫於形勢，經外務部施肇基推薦，清政府派伍連德為全權總醫官，到東北地區領導防疫工作。1911 年 1 月，伍連德在哈爾濱建立了第一個鼠疫研究所，並出任所長。當時他年僅 31 歲，但熟諳細菌學、流行病學與公共衛生學，堪當重任。他不避艱險，深入疫區調查研究，追索疫病流行途徑，並採取了加強鐵路檢疫、控制

交通、隔離疫區、火化鼠疫患者屍體、建立醫院收容病人等多種防治措施，不久便控制了疫情。伍連德以其豐富的學識，嚴格按科學辦事的精神與卓越的組織才能，受到政府的信賴和國際醫學界的讚賞。在當時疫情嚴重的局勢下，不到 4 個月就撲滅了這場震驚中外的鼠疫大流行。清政府為表彰其功績，授予陸軍藍翎軍銜及醫科進士。伍連德一時被中外譽為防疫科學的權威。

1919 年，哈爾濱流行霍亂，當時有 13.5 萬人口的城市，死亡 4,808 人。伍連德利用直轄醫院收治了近 2,000 名霍亂病人。1920 年，東北再次鼠疫大流行，伍連德採取了一系列防疫措施，使疫情得到控制，但仍死亡萬人左右。1926 年，中國全國霍亂大流行時，伍連德領導東北地區的防疫機構人員再次投入到各地的防治工作。

伍連德是中國防疫、檢疫事業的先驅，傑出的社會活動家。由於他知識廣博、敏於觀察，具有強烈的事業心和組織才能，因而在防疫、檢疫、興辦醫院和醫學教育，建立中華醫學會，促進對外交流等諸多方面都作出了卓越的貢獻。在他的各項業績中都閃耀著炎黃子孫的赤誠。他大半生的活動豐富多彩，在中國和國際醫學界都享有盛名。他晚年雖遠居海外，但仍眷念為之奮鬥一生的祖國。

1960 年 1 月 21 日，伍連德在馬來西亞的檳榔嶼逝世，享年 81 歲。

205
弗萊明（西元 1881 年－ 1955 年）

發現了青黴素，但挽救邱吉爾的藥物不是青黴素。

亞歷山大‧弗萊明（Alexander Fleming），西元 1881 年（清光緒七年，辛巳蛇年。魯迅、畢卡索〔Pablo Picasso〕出生；俄國作家杜斯妥也夫斯基〔Dostoyevskiy〕、德國植物學家許萊登去世）出生於蘇格蘭基馬爾諾克附近的洛克菲爾德，英國細菌學家、生物化學家、微生物學家。

弗萊明於 1923 年發現溶菌酶，1928 年首先發現了青黴素。後澳洲病理學家霍華德‧弗洛里（Howard Walter Florey，西元 1898 年－ 1968 年）、德國生物化學家柴恩（Ernst Boris Chain）進一步研究改進，並成功地將青黴素用於醫治人的疾病，三人共獲諾貝爾生理學或醫學獎。青黴素的發現，使人類找到了一種具有強大殺菌作用的藥物，結束了傳染病幾乎無法治療的時代。從此出現了尋找抗菌素新藥的高潮，人類進入了合成新藥的新時代。

在美國學者麥可‧哈特所著的《影響世界歷史 100 位名人》，弗萊明名列第 45 位。

1921 年 11 月，弗萊明患上了重感冒。在他培養一種新的黃色球菌時，他索性取了一點鼻腔黏液，滴在固體培養基上。兩週後，當弗萊明

在清洗前最後一次檢查培養皿時，發現了一個有趣的現象。培養基上遍布球菌的複製群落，但黏液所在之處沒有，而稍遠的一些地方，似乎出現了一種新的複製群落，外觀呈半透明如玻璃般。弗萊明一度認為這種新複製品是來自他鼻腔黏液中的新球菌，還開玩笑的取名為 A.F.（他名字的縮寫）球菌。而他的同事艾力森（Allison）則認為可能是空氣中的細菌汙染所致。很快他們發現，這所謂的新複製品根本不是一種什麼新的細菌，而是由於細菌溶化所致。

1921 年 11 月 21 日，弗萊明的實驗紀錄本上，寫下了抗菌素這個名字，並素描了三個培養基的情況。第一個即加入了他鼻腔黏液的培養基，第二個則是培養的一種白色球菌，第三個的標籤上寫著「空氣」。第一個培養基重複了上面的結果，而後兩個培養基中都長滿了細菌複製品。很明顯，到這個時候，弗萊明已經開始做對比研究，並得出明確結論，鼻腔黏液中含有「抗菌素」。隨後他們更發現，幾乎所有體液和分泌物中都含有「抗菌素」，甚至指甲中，但汗水和尿液中沒有。他們也發現，熱和蛋白沉澱劑都可破壞其抗菌功能，於是他推斷這種新發現的抗菌素一定是種酶。當他將結果向賴特（Almroth Wright）彙報時，賴特建議將它稱為溶菌酶，而最初的那種細菌如今被稱為滕黃微球菌。

1928 年 7 月下旬，弗萊明將眾多培養基未經清洗就疊在一起，放在試驗檯陽光照不到的位置，就去休假了。9 月 1 日，在工作 22 年後，他因溶菌酶的發現等多項成就，獲得教授職位。9 月 3 日，度假歸來的弗萊明，剛進實驗室，其前任助手來串門，寒暄中問弗萊明這段時間在做什麼。於是弗萊明順手拿起頂層第一個培養基，準備向他解釋時，發現培養基邊緣有一塊因溶菌而顯示的慘白色。因為這個過失，弗萊明幸運地發現了盤尼西林（青黴素）。但由於當時技術不夠先進，認知不夠深刻，

弗萊明並沒有把青黴素單獨分離出來。

1929 年，弗萊明發表了他的研究成果，遺憾的是，這篇論文發表後一直沒有受到科學界的重視。

在用顯微鏡觀察這個培養皿時弗萊明發現，黴菌周圍的葡萄球菌菌落已被溶解。這意味著黴菌的某種分泌物能抑制葡萄球菌。此後的鑑定顯示，上述黴菌為點青黴菌，因此弗萊明將其分泌的抑菌物質稱為青黴素。然而遺憾的是，弗萊明一直未能找到提取高純度青黴素的方法，於是他將點青黴菌菌株一代代地培養，並於 1939 年將菌種提供給準備系統研究青黴素的英國病理學家弗洛里和德國生物化學家恩斯特‧柴恩。

1938 年，柴恩在舊書堆裡看到了弗萊明的那篇論文，於是開始做提純實驗。

弗洛里和柴恩在 1940 年用青黴素重新做了實驗。他們替 8 隻小鼠注射了致死劑量的鏈球菌，然後替其中 4 隻用青黴素治療。幾個小時內，只有那 4 隻用青黴素治療過的小鼠還健康活著。此後一系列臨床實驗證實了青黴素對鏈球菌、白喉桿菌等多種細菌感染的療效。青黴素之所以能既殺死病菌，又不損害人體細胞，原因在於青黴素所含的青黴烷能使病菌細胞壁的合成發生障礙，導致病菌溶解死亡，而人和動物的細胞則沒有細胞壁。

1940 年冬，柴恩提煉出了一點點青黴素，這雖然是一個重大突破，但離臨床應用還差得很遠。

透過一段時間的緊湊實驗，弗洛里、柴恩終於用冷凍乾燥法提取了青黴素晶體。之後，弗洛里在一種甜瓜上發現了可供大量提取青黴素的黴菌，並用玉米粉調製出了相應的培養液。在這些研究成果的推動下，美國製藥企業於 1942 年開始對青黴素進行大量生產。

到了 1943 年，製藥公司已經找到了批量生產青黴素的方法。當時英國和美國正在和納粹德國交戰。這種新的藥物對控制傷口感染非常有效。

1943 年 10 月，弗洛里和美國軍方簽訂了首批青黴素生產合約。青黴素在第二次世界大戰末期橫空出世，迅速扭轉了盟國的戰局。戰後，青黴素更得到了廣泛應用，拯救了數以千萬的生命。到 1944 年，藥物的供應已經足夠治療第二次世界大戰期間所有參戰的盟軍士兵。

因這項偉大的發明，1945 年，弗萊明、弗洛里和柴恩因「發現青黴素及其臨床效用」而共同榮獲了諾貝爾生理學或醫學獎。

1945 年，英國化學家霍奇金（D. C. Hodgkin）用 X 射線繞射法測出了青黴素的分子結構。

青黴素是一種高效、低毒、臨床應用廣泛的重要抗生素。它的研製成功大大增強了人類抵抗細菌性感染的能力，帶動了抗生素家族的誕生。它的出現開創了用抗生素治療疾病的新紀元。透過數十年的完善，青黴素針劑和口服青黴素已能分別治療肺炎、腦膜炎、心內膜炎、白喉、炭疽等病。繼青黴素之後，鏈黴素、氯黴素、土黴素、四環素等抗生素不斷產生，增強了人類治療傳染性疾病的能力。但與此同時，部分病菌的抗藥性也在逐漸增強。為了解決這一問題，科學研究人員目前正在開發藥效更強的抗生素，探索如何阻止病菌獲得抵抗基因，並以植物為原料開發抗菌類藥物。

儘管弗萊明曾遭受非議，但毋庸置疑的是，青黴素已挽救了數以百萬計的生命，並且將來肯定還將繼續挽救更多的人。這其中大部分榮譽還是應當歸功於弗萊明，是他完成了最重要的發現。正如牛津病理學系主任哈里斯（Henry Harris）所說：「沒有弗萊明，不會有柴恩；沒有柴恩，

不會有弗洛里；沒有弗洛里，不會有希特利 (Norman Heatley)；沒有希特利，則不會有青黴素。」

　　有一個廣為流傳的故事，說弗萊明的農夫父親曾救過小時候的邱吉爾，邱吉爾之父出資讓弗萊明上學成才，而後邱吉爾本人又在第二次世界大戰中因青黴素而從瀕死的疾病中獲救。弗萊明給朋友的信中證實，這是誤傳，而且後來挽救邱吉爾的藥物也不是青黴素。

206
戴維森（西元 1881 年－ 1958 年）

證實了波粒二象性。

> 柯林頓・約瑟夫・戴維森（Cliton Joseph Davission），西元 1881 年出生在美國伊利諾州的布盧明頓，美國物理學家。1937 年諾貝爾物理學獎授予美國紐約州的貝爾電話實驗室的戴維森和英國倫敦大學的湯姆森（Sir George Paget Thomson，西元 1892 年－ 1975 年），以表彰他們用晶體對電子繞射所做的實驗發現。

(1)透過實驗發現受電子照射的晶體中的干涉現象。

(2)透過實驗發現晶體對電子的繞射作用。

1925 年，戴維森和他的助手革末（L. H. Germer，比戴維森小 15 歲）又開始了電子束的轟擊實驗。一次偶然的事件使他們的工作獲得了戲劇性的進展。有一天，正當革末替管子加熱、去氣，用於吸附殘餘氣體分子的炭阱瓶突然破裂了，空氣衝進了真空系統，致使處於高溫的鎳靶嚴重氧化。過去這種事情也發生過，整個管子只好報廢。但這次戴維森決定採取修復的辦法，在真空和氫氣中加熱、替陰極去氣。經過兩個月的折騰，又重新開始了正式試驗。在這中間，奇蹟出現了。1925 年 5 月初，結果還和 1921 年所得差不多，可是 5 月中所得的曲線發生了特殊變化，出現了好幾處尖銳的峰值。他們立即採取措施，將管子切開，看看裡面

發生了什麼變化。經公司一位顯微鏡專家的幫助，發現鎳靶在修復過程中發生了變化，原來磨得極光的鎳表面，現在看來構成了一排大約十分明顯的結晶面。

1926 年 8 月 10 日，在英國牛津的學術會議上，德國物理學家玻恩講到戴維森從金屬表面反射的實驗有可能是德布羅意波動理論所預言的電子繞射的證據。戴維森回到紐約後，開始了全面研究。經過兩、三個月的緊湊工作，獲得了一系列成果，整理後發表於 1927 年 12 月《物理評論》上，論文系統性地敘述了實驗方法和實驗結果。證實了德布羅意波粒二象性的正確。

後來，戴維森和湯姆森的電子繞射實驗分別發展成為低能電子繞射技術（LEED）和反射式高能電子繞射技術（RHEED），在表面物理學中有廣泛應用。

207
諾特（西元 1882 年－ 1935 年）

數學史上最重要的女性，她徹底改變了環、域和代數的理論。

　　埃米・諾特（Emmy Noether），西元 1882 年（清光緒八年，壬午馬年。柯霍〔Heinrich H. R. Koch〕首先由肺結核病人痰中發現了結核桿菌並且證實結核病的病原是結核桿菌；德國生理學家許旺〔Theodor Schwann〕逝世）生於德國大學城愛爾蘭根的一個猶太家庭，數學家。她的研究領域為抽象代數和理論物理學。她善於藉透澈的洞察建立優雅的抽象概念，再將之漂亮地形式化。亞歷山德羅夫（Aleksandrov）、愛因斯坦、迪厄多內（Dieudonné）、外爾（Weyl）和維納（Norbert Wiener）都形容她為數學史上最重要的女人。她徹底改變了環、域和代數的理論。在物理學方面，諾特定理解釋了對稱性和守恆定律之間的根本聯繫，她還被稱為「現代數學之母」，她允許學者們無條件地使用她的工作成果，也因此被人們尊稱為「當代數學文章的合著者」。

　　1916 年，應著名數學家希爾伯特和克萊因的邀請，一位 34 歲的女數學家來到數學聖地哥廷根。不久，她就以希爾伯特教授的名義，在哥廷根大學講授數學課程。

　　希爾伯特十分欣賞這個年輕人的才能，想幫她在哥廷根大學找一份正式的工作。當時的哥廷根大學沒有專門的數學系，數學、語言學、歷

史學都劃在哲學系裡，聘請講授必須經過哲學教授會議批准。希爾伯特的努力遭到教授會議中語言學家和歷史學家的極力反對，他們出於對婦女的傳統偏見，連聘為「私人講師」這樣的請求也斷然拒絕。

希爾伯特屢次據理力爭都沒有結果，他氣憤極了，在一次教授會上憤憤地說：「我簡直無法想像候選人的性別竟成了反對她升任講師的理由。先生們，別忘了這裡是大學而不是洗澡堂！」

希爾伯特的鼎鼎大名，也沒能幫這位女數學家敲開哥廷根大學的校門。不過，那些持反對意見的先生們，很快就為自己的錯誤決定羞愧得無地自容。因為僅僅只過了幾年時間，這位遭受歧視、只能以別人的名義代課的女性，就用一系列卓越的數學創造，震撼了哥廷根，震撼了整個數學界，躋身於 20 世紀著名數學家行列。

1918 年，她在希爾伯特等人思想的影響下，發表了兩篇重要論文。其中一篇，就是諾特定理。

諾特定理可表述為：對於力學體系的每一個連續的對稱變換，都有一個守恆量與之對應。對稱變換是力學體系在某種變換下不變。

由諾特定理，能量守恆來自於時間的平移對稱性。比如火箭發射會將燃料中的化學能轉化為動能和勢能，由於時間的對稱性，因此總能量保持不變，也就是無論你今天發射火箭還是明天發射火箭，化學能轉化為動能和勢能不可能隨著時間而改變。

動量守恆源自於空間中的平移對稱性。例如，在牛頓擺中，當一個球擊中另一個時，另一端的球會向外飛，保持動量守恆。這是因為空間的對稱性。如在兩個不同的地方舉 100kg 的石頭，舉不舉得起不會因為空間的變換而改變，這就是空間的平移對稱性，也不會因為空間的平移受到的力會改變，動量是守恆的。

而角動量守恆則是從旋轉對稱性（即物理規律在空間旋轉時保持不變）中出現。當一位溜冰者把她的手臂收起時，她的旋轉速度會加快。這是因為整體角動量必須保持不變，而這要歸功於旋轉對稱性。

諾特定理深入到量子力學，也就是微觀領域，一個基本粒子與它的「映像」粒子的所有性質也完全相同，除自旋方向外它們的運動規律完全一致，具有完全相同的性質，稱為宇稱守恆。「宇稱」，粗略地說，可理解為「左右對稱」或「左右交換」。

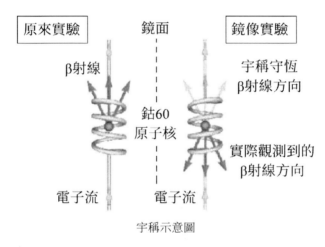

宇稱示意圖

宇稱守恆符合粒子的三個基本的對稱方式：

(1)粒子和反粒子互相對稱，即對於粒子和反粒子，定律是相同的，這稱為電荷 (C) 對稱。

(2)空間反射對稱，即同一種粒子之間互為映像，它們的運動規律相同，這稱為宇稱 (P) 對稱。

(3)時間反演對稱，即如果顛倒粒子的運動方向，粒子的運動是相同的，這稱為時間 (T) 對稱。

宇宙中有四大力，強力、引力、電磁力都符合宇稱守恆，只有弱力

不符合。也正是這一點點的不對稱，楊振寧與李政道才因為發現弱力不守恆而獲得了諾貝爾獎。

大科學家愛因斯坦曾高度評價諾特的工作，稱讚她是「自婦女接受高等教育以來最傑出的富有創造性的數學天才」。愛因斯坦指出，憑藉諾特所發現的方法，「純粹數學成了邏輯思想的詩篇」。她是歷史上最偉大的女數學家。

1929 年，諾特竟然被攆出居住的公寓。希特勒上臺，對猶太人的迫害變本加厲。1933 年 4 月，法西斯當局剝奪了諾特教書的權利，將一批猶太教授逐出校園。

後來，諾特乘船去了美國，1935 年 4 月 14 日不幸死於一次外科手術，年僅 53 歲。

4 月 26 日布林莫爾學院為諾特舉行了追悼會，愛因斯坦為她寫了訃文，外爾為她寫了長篇悼詞，深情地緬懷她的生活、工作和人格：

她曾經是充滿生命活力的典範，

以她那剛毅的心情和生活的勇氣，

堅定地屹立在我們這個星球上，

所以大家對此毫無心理準備。

她正處於她的數學創造能力的頂峰。

她那深遠的想像力，

與她那長期經驗累積起來的技能，

已經達到完美的平衡。

她熱烈地開始了新問題的研究。

而這一切現在突然宣告結束，

她的工作猝然中斷。
墜落到了黑暗的墳墓，
美麗的、仁慈的、善良的，
他們都輕輕地去了；
聰穎的、機智的、勇敢的，
他們都平靜地去了；
我知道，但我絕不認可，
而且我也不會順從。

208
愛丁頓（西元 1882 年－ 1944 年）

用觀測證實了愛因斯坦理論的人。

亞瑟・史坦利・愛丁頓（Arthur Stanley Eddington），西元
1882 年（清光緒八年，壬午馬年）出生於英格蘭肯達爾一個貴格會
家庭。天文學家、物理學家、數學家，第一位用英語宣講相對論
的科學家，自然界密實物體的發光強度極限被命名為「愛丁頓極
限」。1919 年寫了「重力的相對理論報導」，第一次向英語世界介
紹了愛因斯坦的廣義相對論理論。著作有《恆星和原子》(*Stars and
Atoms*)、《恆星內部結構》(*The Internal Constitution of Stars*)、《基
本理論》(*Fundamental Theory*)、《科學和未知世界》(*Science and
the Unseen World*)、《膨脹著的宇宙》(*The Expanding Universe*)、《質
子和電子的相對論》(*Relativity Theory of Protons and Electrons*)、《物
理世界的性質》(*The Nature of the Physical World*)、《科學的新道路》
(*New Pathways in Science*) 等。

愛丁頓的父親是一位中學校長，死於西元 1884 年席捲英格蘭的傷
寒大流行，他的母親獨立承擔撫養他們姐弟倆的責任。愛丁頓幼年時在
家中隨母親學習。西元 1893 年進入布里麥倫學校，他顯示出在數學和英
國文學方面的天賦。西元 1898 年他獲得 60 英鎊的獎學金，因此得以進
入曼徹斯特的歐文斯學院（後改組成如今的曼徹斯特大學）學習物理學，

1902 年以優異成績獲得科學學士學位。

因為突出的成績，獲得劍橋大學三一學院 75 英鎊的獎學金，1905 年獲三一學院碩士學位，進入卡文迪許實驗室研究熱輻射。

1905 年他到格林威治皇家天文臺工作，分析小行星愛神星的視差，他發現了一種基於背景兩顆行星的位移進行統計的方法，因此於 1907 年獲得史密斯獎。這個獎項使他獲得劍橋大學的研究員資格。1913 年初，愛丁頓被任命為劍橋大學天文學和實驗物理學終身教授。1914 年被任命為劍橋大學天文臺臺長，不久被選為英國皇家學會會員。

第一次世界大戰過後，英德兩國仍充滿敵意。愛丁頓力排眾議、克服萬難率領一個觀測隊到西非普林西比島觀測 1919 年 5 月 29 日的日全食，拍攝日全食時太陽附近的行星位置，根據廣義相對論理論，太陽的重力會使光線彎曲，太陽附近的行星視位置會變化。愛丁頓的觀測證實了愛因斯坦的理論，立即被全世界的媒體報導。當時有一個傳說：有記者問愛丁頓是否全世界只有三個人真正懂得相對論，愛丁頓回答「誰是第三個人？」

但現在的歷史學家研究認為，當時愛丁頓的資料並不準確，只是歪打正著地宣布了相對論理論的正確。

從 1920 年開始，直到他去世，他一直致力於將量子理論、相對論和重力理論統一起來，形成一個「基本理論」，到晚年幾乎達到痴迷的程度。他確信質子的質量和電子電荷的數值不是偶然形成的，是「為了形成宇宙的自然和完美的特性」。

他沒能完成自己的研究，愛丁頓於 1944 年在劍橋逝世，他的著作《基本理論》直到 1946 年才出版。

1938 年他開始擔任國際天文學聯合會主席，直到去世。

209
玻恩（西元 1882 年－ 1970 年）

直到 1954 年才獲得諾貝爾物理學獎。

馬克斯・玻恩（Max Born），西元 1882 年（清光緒八年，壬午馬年）出生於德國普魯士的布雷斯勞（今波蘭城市弗羅茨瓦夫）一個猶太家庭，理論物理學家、量子力學奠基人之一。因對量子力學的基礎性研究尤其是對波函數的統計學詮釋而獲得 1954 年的諾貝爾物理學獎。

玻恩 1901 年起在布雷斯勞、海德堡、蘇黎世和哥廷根等各所大學學習，先是法律和倫理學，後是數學、物理學和天文學。1907 年獲得博士學位。1912 年與西奧多・馮・卡門（Theodore von Kármán）合作發表了「關於空間點陣的振動」的著名論文，從此開始了他以後幾十年創立點陣理論的事業。1915 年玻恩去柏林大學任理論物理學教授，並在那裡與普朗克、愛因斯坦和能斯特並肩工作，玻恩與愛因斯坦結下了深厚的友誼。即使是在愛因斯坦對玻恩的量子理論持懷疑態度的時候，他們之間的書信仍見證了量子力學開創的歷史，後來被整理成書出版。玻恩在柏林大學期間，於 1915 年出版了他的第一本書《晶格動力學》（*Dynamik der Kristallgitter*），該書總結了他在哥廷根開始的一系列研究成果。1921 年成為哥廷根大學物理系主任。

拉塞福－波耳的原子行星模型和波耳關於電子能級的假設（其中把

普朗克的量子概念與原子光譜相連起來）曾被用來解釋後來知道的一些資料和現象，但只獲得了一些微不足道的成功。在物理理論從經典向現代過渡的這一時期（1923 年前後），包立和海森堡都在哥廷根大學作玻恩的助手。德布羅意在 1924 年巴黎的論文中提出電子與一組波相連結。海森堡在他的「測不準原理」中，說明了經典力學規律不適用於亞原子粒子，因為不能同時知道這些粒子的位置和速度。

玻恩以此為起點對這一問題進行了研究，他有系統地提出了一種理論體系，在其中把德布羅意的電子波認為是電子出現的機率波。玻恩－海森堡－約爾旦矩陣力學與薛丁格發展起來的波動力學的數學表述不同，狄拉克證明了這兩種理論體系是等效的，並可相互轉換。今天，我們把它稱為量子力學。

1933 年納粹上臺後，玻恩由於是猶太人血統而被停職，並與當時許多德國科學家一樣被迫移居國外。移居英國後，1934 年起受邀在劍橋大學任教授，這段時間的主要研究集中在非線性光學，並與利奧波德‧英費爾德（Leopold Infeld，西元 1898 年－ 1968 年）一起提出了玻恩－英費爾德理論。1935 年冬天，玻恩在印度邦加羅爾的印度科學研究所待了 6 個月，與錢德拉塞卡拉‧拉曼共事。1936 年前往愛丁堡大學任教直到 1953 年退休。1936 年被納粹剝奪德國國籍，1937 年當選為英國皇家學會會員。

玻恩先後培養了兩位諾貝爾物理學獎得主：海森堡（1932 年獲諾貝爾物理學獎）和包立（獲 1945 年的諾貝爾物理學獎）。不過，玻恩似乎沒有他的學生幸運，他對量子力學的機率解釋受到了包括愛因斯坦、普朗克等很多偉大的科學家的反對。

在得知海森堡獲得諾貝爾獎時，玻恩儘管因自己無緣而十分困惑不

解，但立即放下情緒寫信給海森堡表示祝賀。過了一段時間，他收到海森堡的回信：「過了這麼長時間我沒有回信給您，也沒有感謝您對我的祝賀，部分原因是因為我實在無法面對您，感到自己太沒有良心了。這一工作是哥廷根合作的成果，是您、我和約爾旦共同完成的，然而卻只有我一個人拿到諾貝爾獎。」然而歷史還是公正的，1954 年玻恩終獲諾貝爾物理學獎。

1970 年 1 月 5 日，玻恩在哥廷根去世。在他的墓碑上，鐫刻著一個不朽的等式：

$$pq - qp = ihI$$

這個不對易關係，見證了玻恩對量子力學理論的基礎性貢獻。

▌約爾旦（1902 年－ 1980 年）

帕斯夸爾‧約爾旦（Pascual Jordan），出生於漢諾威，德國物理學家。量子力學主要創立者之一，矩陣力學創立者之一，也是量子場論的創始人之一。但是，他的名聲顯然及不上玻恩或者海森堡。

約爾旦是一個作出了許多偉大成就的科學家。除了創立了基本的矩陣力學形式，為量子論打下基礎之外，他同樣在量子場論、電子自旋、量子電動力學中作出了重大的貢獻。他是最先證明海森堡和薛丁格體系同等性的人之一，他發明了約爾旦代數，後來又廣泛涉足生物學、心理學和運動學。他曾被提名為諾貝爾獎候選人，卻沒有成功。

他是物理學史上兩篇重要的論文「論量子力學 I」和「論量子力學 II」的作者之一，可以說也是量子力學的主要創立者。在 1925 年，他與海森堡和玻恩一起提出了量子力學的第一個版本 —— 矩陣力學形式；

海森堡和玻恩分別於 1932 年和 1954 年獲得諾貝爾物理學獎。而在 1928 年，他又與維格納（Eugene Wigner）一起率先寫出反對易關係，這成了量子場論和費米 β 衰變理論的基石；維格納也於 1963 年獲得諾貝爾物理學獎。當時和他一起作出貢獻的那些人，後來都變得如此著名：玻恩、海森堡、包立，他們的耀眼光輝，把約爾旦完全給蓋住了。儘管約爾旦的合作者全都拿到了諾貝爾獎，但他卻一直與其無緣。未能出席第五屆索爾維會議，因而在那張流傳後世的會議照片上也見不到他的身影。

1926 年－1927 年可能是約爾旦職業生涯中最輝煌的兩年。他的奇思妙想與數學、物理上展現出的天才的水準屢屢打動他的同行。在獲得量子力學和量子場論偉大發現的同時，約爾旦的政治傾向越來越明顯，成為典型的民族主義和右翼。1928 年－1944 年，約爾旦在羅斯托克大學擔任理論物理學教授。雖然他最親密的同事大多是猶太人，在希特勒上臺後，約爾旦還是選擇加入納粹黨。約爾旦認為，現代物理學，包括相對論和量子力學，在意識形態上與國家社會主義相容（天知道他當時怎麼想的）。這成為他一輩子無法抹去的汙點。不過約爾旦並未參加核武器的研製等一些反人類的工作 —— 實際上，他這次選邊站有些不明不白，可能與他內向自卑的性格和口吃有關。

如果約爾旦沒有站在納粹黨一邊，他或許可以分享 1954 年的諾貝爾物理學獎。玻恩說：「我討厭約爾旦在政治上的所作所為，但我永遠不能忽略他學術上的成績……」

210
德拜（西元 1884 年－ 1966 年）

學過物理的人都知道德拜溫度。

> 彼得・德拜（Peter Debye）早期從事固體物理的研究工作。1912 年他改進了愛因斯坦的固體比熱公式，得出在常溫時服從杜隆－泊替定律，在溫度 $T \rightarrow 0$ 時與 T^3 成正比的正確比熱公式。他在匯出這個公式時，引進了德拜溫度的概念。學過固體物理的人都知道，每種固體都有自己的德拜溫度。

德拜在亞琛大學求學時學電機工程，1905 年獲得學士學位。繼而轉學物理，在慕尼黑大學索末菲的指導下進行研究，並於 1908 年獲得博士學位。1911 年他繼愛因斯坦在蘇黎世大學任教。

他的第一個重要研究是對偶極矩的理論處理，偶極矩是電場對結構上一部分帶有正電荷而另一部分帶有負電荷的分子在取向上的影響的量度。為了紀念德拜，偶極矩的單位稱為德拜。1916 年德拜推進了布拉格父子的研究工作，並證明 X 射線分析不僅適用於完整的晶體而且也適用於固體粉末，這種固體粉末是在所有可能的方面上取向的微小晶體的混合物。

由於在偶極矩方面的研究工作，德拜獲得 1936 年諾貝爾化學獎。1935 年德拜成為柏林威廉皇家物理研究所（後來命名為馬克斯・普朗克

研究所)的所長，但是在第二次世界大戰期間他的處境逐漸變得困難。

1939 年納粹政府命令他加入德國國籍，他拒絕並回到荷蘭。1940 年他的祖國被希特勒軍隊入侵之前兩個月，他來到美國康乃爾大學講課。後來他就留在那裡擔任了化學教授和康乃爾大學化學系系主任的職務，一直到 1952 年退休。1946 年他成為美國公民。

211
波耳（西元 1885 年－ 1962 年）

一個足球愛好者成了物理大師。

尼爾斯・亨利克・戴維・波耳（Niels Henrik David Bohr），西元 1885 年（清光緒十一年，乙酉雞年）生於丹麥哥本哈根，物理學家。哥本哈根大學碩士、博士，丹麥皇家科學院院士，曾獲丹麥皇家科學文學院金質獎章，英國曼徹斯特大學和劍橋大學名譽博士學位，1922 年獲得諾貝爾物理學獎。

波耳透過引入量子化條件，提出了波耳模型來解釋氫原子光譜；提出互補原理和哥本哈根詮釋來解釋量子力學，他還是哥本哈根學派的創始人，對 20 世紀物理學的發展具有深遠的影響。

1903 年，波耳 18 歲進入哥本哈根大學數學和自然科學系，主修物理學。

1907 年，波耳以關於水的表面張力的論文獲得丹麥皇家科學文學院的金質獎章，並先後於 1909 年和 1911 年分別以關於金屬電子論的論文獲得哥本哈根大學的科學碩士和哲學博士學位。隨後去英國學習，先在劍橋約瑟夫・湯姆森主持的卡文迪許實驗室，幾個月後轉赴曼徹斯特，參加了曼徹斯特大學以拉塞福為首的科學團體，從此和拉塞福建立了長期的密切關係。

1912 年，波耳考察了金屬中的電子運動，並明確意識到經典理論在闡明微觀現象方面的嚴重缺陷，讚賞普朗克和愛因斯坦在電磁理論方面引入的量子學說。創造性地把普朗克的量子說和拉塞福的原子核概念結合了起來。

1913 年初，波耳任曼徹斯特大學物理學教授時，在朋友的建議下，開始研究原子結構，透過對光譜學資料的考察，寫出了「論原子構造和分子構造」的長篇論著，提出了量子不連續性，成功地解釋了氫原子和類氫原子的結構和性質，提出了原子結構的波耳模型。

1916 年任哥本哈根大學物理學教授。

1917 年當選為丹麥皇家科學院院士。

1920 年建立哥本哈根理論物理研究所並任所長，在此後的 40 年他一直擔任這一職務。

1921 年，波耳發表了「各元素的原子結構及其物理性質和化學性質」的長篇演講，闡述了光譜和原子結構理論的新發展，詮釋了元素週期表的形成，對週期表中從氫開始的各種元素的原子結構作了說明，同時對週期表上的第 72 號元素的性質作了預言。

1922 年，第 72 號元素鉿的發現證明了波耳的理論，波耳由於對原子結構理論的貢獻獲得諾貝爾物理學獎。他所在的理論物理研究所也在 1920 年代及 1930 年代成為物理學研究的中心。

1923 年，波耳接受英國曼徹斯特大學和劍橋大學名譽博士學位。

1930 年代中期，他研究發現了許多中子誘發的核反應。波耳提出了原子核的液滴模型，很好地解釋了重核的裂變。

1937 年 5 月至 6 月間，波耳曾經到過中國訪問和講學。期間，波耳

和束星北等中國學者有過深度學術交流，波耳對束星北讚譽有加。束星北的文章「引力與電磁合論」、「愛因斯坦引力理論的非靜力場解」是相對論早期的重要論述。

1939 年，波耳任丹麥皇家科學院院長。第二次世界大戰開始，丹麥被德國法西斯占領。1943 年波耳為躲避納粹的迫害，逃往瑞典。

1944 年，波耳在美國參加了和原子彈有關的理論研究。

1945 年，波耳回到丹麥，此後致力於推動原子能的和平利用。

1947 年，丹麥政府為了表彰波耳的功績，封他為「騎象勛爵」。

1952 年，波耳倡議建立歐洲原子核研究中心 (CERN)，並任主席。

1955 年，波耳參加建立北歐理論原子物理學研究所，擔任管委會主任。同年丹麥成立原子能委員會，波耳被任命為主席。

1962 年 11 月，波耳因突發心臟病在丹麥的卡爾斯堡寓所去世，享年77 歲。去世前一天，他還在工作室的黑板上畫了當年愛因斯坦那個光子盒的草圖。

1965 年波耳去世三週年時，哥本哈根大學物理研究所改名為尼爾斯·波耳研究所。1997 年國際純粹與應用聯合會 (IUPAC) 正式通過將第107 號元素命名為 Bohrium，以紀念波耳。

其子奧格·尼爾斯·波耳 (Aage Niels Bohr) 也是物理學家，於 1975年獲得諾貝爾物理學獎。

▋哥本哈根學派

哥本哈根學派是由波耳與海森堡於 1927 年在哥本哈根所創立的學派。

　　其中玻恩、海森堡、包立以及狄拉克等都是這個學派的主要成員。哥本哈根學派對量子力學的創立和發展作出了傑出貢獻，學派對量子力學的解釋被稱為量子力學的「正統解釋」。波耳本人不僅對早期量子論的發展發揮過重大作用，而且他的認識論和方法論對量子力學的建立產生了推動和指導作用，他提出的著名的「互補原理」是哥本哈根學派的重要支柱。波耳領導的哥本哈根理論物理研究所成了量子理論研究中心，由此該學派成為當時世界上力量最雄厚的物理學派。

212

拉馬努金（西元 1887 年－ 1920 年）

印度究竟有多少數學天才？

斯里尼瓦瑟・拉馬努金（Srinivasa Ramanujan），西元 1887 年（清光緒十三年，丁亥豬年）出生於印度東南部，是印度歷史上最著名的數學家之一。他沒受過正規的高等數學教育，沉迷數論，尤愛牽涉 π、質數等數學常數的求和公式，以及整數分拆。慣以直覺（或者是跳步）匯出公式，不喜作證明（事後往往證明他是對的）。他留下的那些沒有證明的公式，引發了後來的大量研究。在數學上的洞察力以及直覺令人驚嘆，被譽為「與神溝通的天才」。

1997 年，《拉馬努金期刊》（*Ramanujan Journal*）創刊，用以發表關於「受到拉馬努金影響的數學領域」的研究論文。

1913 年拉馬努金發了一長串複雜的定理給三個劍橋的學術界人士 —— 貝克（H. F. Baker）、霍布森（E. W. Hobson）、哈代（G. H. Hardy），只有三一學院的院士哈代注意到了拉馬努金定理中所展示的天分。

$$\frac{1}{\pi} = \frac{3\sqrt{3}}{49} \sum_{m=0}^{\infty} (40m + 3) \frac{(4m)!}{28^{4m}(m!)^4}$$

$$\frac{1}{\pi} = \frac{2\sqrt{2}}{99^2} \sum_{m=0}^{\infty} (26390m + 1103) \frac{(4m)!}{396^{4m}(m!)^4}$$

拉馬努金關於圓周率的兩個公式

　　讀著不知名和未經訓練的印度數學家的突然來信，哈代和他的同事李特爾伍德 (J. E. Littlewood) 評論道：「沒有一個定理可以放到世界上最高等的數學測試中。」雖然哈代是當時著名的數學家，而且是拉馬努金所寫的其中幾個領域中的專家，他還是說很多定理「完全打敗了我」、「我從沒見過任何像這樣的東西」。

　　拉馬努金也在下列領域作出重大突破和發現：伽馬函數、模形式、發散級數、超幾何級數、質數理論。

　　拉馬努金是印度在過去 1,000 年中所誕生的超級偉大的數學家之一。他的直覺的跳躍甚至令今天的數學家感到迷惑，在他去世後 70 多年，他的論文中埋藏的祕密依然在不斷地被挖掘出來。他發現的定理被應用到他活著的時候很難想像到的領域。[002]

$$\sqrt{\frac{1+\sqrt{5}}{2}+2}-\frac{1+\sqrt{5}}{2}=\cfrac{e^{-\frac{2\pi}{5}}}{1+\cfrac{e^{-2\pi}}{1+\cfrac{e^{-4\pi}}{1+\cfrac{e^{-6\pi}}{1+\cdots}}}}$$

一系列有趣的式子為

$1+2=3$

$1+2+3=6$

$1+2+3+4=10$

……

那麼，

$1+2+3+4+\cdots+\infty=?$

---

(002)　引自卡尼蓋爾所著傳記《知無涯者：拉馬努金傳》，上海：上海科技教育出版社，2008：3。

拉馬努金獨立發現：$\sum_{n=1}^{\infty} n = -\frac{1}{12}$。這個公式現在運用於超弦理論。

拉馬努金的數學貢獻為後人從事數學研究提供了很好的史料，對現代數學的發展也產生了難以估量的影響。他在堆壘數論特別是整數分拆方面作出了重要貢獻，在橢圓函數、超幾何函數、發散級數等領域也有不少成果。他有著很強的直覺洞察力，雖未受過嚴格數學訓練，卻獨立發現了近 3,900 個數學公式和命題。他經常宣稱在夢中娜瑪卡爾女神給其啟示，早晨醒來就能寫下不少數學公式和命題。他所預見的數學命題，日後有許多得到了證實。如比利時數學家德利涅（V. Deligne）於 1973 年證明了拉馬努金 1916 年提出的一個猜想，並因此獲得了 1978 年的菲爾茲獎。

拉馬努金的亦師亦友哈代曾感慨道：「我們學習數學，拉馬努金則發現並創造了數學。」哈代更喜歡公開聲稱的是，自己在數學上最大的成就是「發現了拉馬努金」。哈代在自己設計的一種關於天生數學才能的非正式的評分表中，對自己評了 25 分，對另一個傑出的數學家李特爾伍德評了 30 分，對他同時代最偉大的數學家希爾伯特評了 80 分，而對拉馬努金評了 100 分。他甚至把拉馬努金的天才比作至少與數學巨人尤拉和雅各布相當。

拉馬努金是有神論者，哈代則是無神論者，但他們卻能為數學而進行合作研究；在 5 年裡，他們共同發表了 28 篇重要論文。哈代曾將這段經歷描述為「我一生中最浪漫的事件」。因為在數學上的卓越成就，拉馬努金 31 歲就當選為英國皇家學會的外籍會員（亞洲第一人）以及劍橋大學三一學院的院士（印度第一人），走到了他的榮譽最高峰。

拉馬努金是個虔誠的婆羅門教徒，奉行絕對素食主義，在英國生活的那段時間，他自己煮食物，常常因研究而忘記吃飯，加上冬天寒冷的

天氣，他的身體越來越衰弱，1917 年常感到身上有無名的疼痛。有一天
哈代去醫院看他時，抱怨說：「我搭計程車來，車牌號碼是 1729，這數
真沒趣，希望不是不祥之兆。」拉馬努金答道：「不，那是個有趣得很的
數。可以用兩個立方之和來表達而且有兩種表達方式的數之中，1729 是
最小的。」（即 $1729 = 1^3 + 12^3 = 9^3 + 10^3$，後來這類數稱為計程車數。）
李特爾伍德回應這宗軼聞說：「每個整數都是拉馬努金的朋友。」

　　拉馬努金思鄉心切，卻因為第一次世界大戰爆發而無法回國。這一
度令他變得憂鬱，甚至試圖臥軌自殺。1919 年 4 月，他終於回到印度，
但回家之後的生活並不愉快，且病情日漸加重。1920 年 4 月，他病逝於
貢伯戈訥姆，年僅 33 歲。

213
薛丁格（西元 1887 年－ 1961 年）

德拜說，既然粒子也是波，就應該有方程式。薛丁格說：貓！

埃爾溫·薛丁格（Erwin Rudolf Josef Alexander Schrödinger），西元 1887 年（清光緒十三年，丁亥豬年）出生在奧地利維也納附近的埃德伯格。物理學家，量子力學奠基人之一，發展了分子生物學。維也納大學哲學博士，蘇黎世大學、柏林大學和格拉茨大學教授。因發展了原子理論，和狄拉克（Paul Dirac）共同獲得 1933 年諾貝爾物理學獎；又於 1937 年榮獲馬克斯·普朗克獎章。

物理學方面，在德布羅意物質波理論的基礎上，建立了波動力學。由他所建立的薛丁格方程式是量子力學中描述微觀粒子運動狀態的基本定律，在量子力學中的地位大致相當於牛頓運動定律在經典力學中的地位。提出薛丁格貓思想實驗，試圖證明量子力學在宏觀條件下的不完備性。亦研究關於熱學的統計理論問題。在哲學上，確信主體與客體是不可分割的。主要著作有《波動力學四講》、《統計熱力學》(*Statistical Thermodynamics*)、《生命是什麼 —— 活細胞的物理面貌》(*What is Life?*)等。

在薛丁格幼年時期，他深受叔本華的影響，因此，他廣泛閱讀叔本華的作品，他的一生對色彩理論、哲學、東方宗教深感興趣，特別是印度教。

1906 年－1910 年在維也納大學學習物理與數學，並於 1910 年獲得博士學位。在大學期間薛丁格還與園藝家弗朗茲‧弗里梅爾（Franz Frimmel）保持了友誼。

1920 年移居耶拿，擔任馬克斯‧維因（Max Wien）的物理實驗室助手。

1924 年，德布羅意提出微觀粒子具有波粒二象性，即不僅具有粒子性，同時也具有波動性。在此基礎上，1926 年薛丁格提出用波動方程式描述微觀粒子運動狀態的理論，後稱薛丁格方程式，奠定了波動力學的基礎，因而與狄拉克共獲 1933 年諾貝爾物理學獎。

1925 年底到 1926 年初，薛丁格在愛因斯坦關於單原子理想氣體的量子理論和德布羅意的物質波假說的啟發下，從經典力學和幾何光學間的類比，提出了對應於波動光學的波動力學方程式，奠定了波動力學的基礎。他最初試圖建立一個相對論性理論，得出了後來稱之為克萊因－戈登方程式的波動方程式，但由於當時還不知道電子有自旋，所以在關於氫原子光譜的精細結構的理論上與實驗資料不符。之後他又改用非相對論性波動方程式 —— 人們稱之為薛丁格方程式 —— 來處理電子，得出了與實驗資料相符的結果。

一維薛丁格方程式：

$$-\frac{\hbar^2}{2\mu}\frac{\partial^2 \psi(x,t)}{\partial x^2} + U(x,t)\psi(x,t) = i\hbar\frac{\partial \psi(x,t)}{\partial t}$$

三維薛丁格方程式：

$$-\frac{\hbar^2}{2\mu}\left(\frac{\partial^2 \psi}{\partial x^2} + \frac{\partial^2 \psi}{\partial y^2} + \frac{\partial^2 \psi}{\partial z^2}\right) + U(x,y,z)\psi = i\hbar\frac{\partial \psi}{\partial t}$$

定態薛丁格方程式：

$$-\frac{\hbar^2}{2\mu}\nabla^2\psi + U\psi = E\psi$$

1926 年 1 月 —— 6 月，他一連發表了四篇論文，題目都是「量子化就是本徵值問題」，系統性地闡明了波動力學理論。在此以前，德國物理學家海森堡、玻恩和約爾旦於 1925 年 7 月 —— 9 月透過另一途徑建立了矩陣力學。1926 年 3 月，薛丁格發現波動力學和矩陣力學在數學上是等價的，是量子力學的兩種形式，可以透過數學變換，從一個理論轉到另一個理論。薛丁格起初試圖把波函數解釋為三維空間中的振動，把振幅解釋為電荷密度，把粒子解釋為波包。但他無法解決「波包擴散」的困難。最後物理學界普遍接受了玻恩提出的波函數的機率解釋。

1926 年，德國教育部要求柏林大學考慮普朗克退休後的繼任人選。最初得到教授委員會多數提名的是勞厄和愛因斯坦，經反覆考量勞厄被否決，愛因斯坦因此職位要擔任較多的教學工作而拒絕接受。教授委員會再次提出若干人選，索末菲最靠前。他是傑出的物理學家和公認的優秀教師，他培養出的學生大都出類拔萃，但他已經 59 歲了。接下來還有玻恩、德拜、薛丁格和海森堡。海森堡太年輕（僅 23 歲），玻恩資歷略淺、德拜遜於數學，最後薛丁格脫穎而出，被確定為未來的柏林大學物理學和理論物理研究所所長。

1927 年，薛丁格在任職柏林大學前參加了載入史冊的第五屆索爾維會議。布魯塞爾，群賢畢至、少長咸集，共修物理學禊事。1929 年，薛丁格因對量子力學的傑出貢獻由普朗克提名成為普魯士科學院（德國國家科學院）院士，接下來幾年是薛丁格學術活動最活躍的時期。

也就是 1933 年的 1 月，希特勒上臺就任德國總理，德國學術界的裂

痕逐漸撕開。一些年輕學生支持反猶太主義，一些大學和研究所竟然把反猶太、反社會主義甚至反天主教等納入選拔教授的標準或考量教職的條件中。當哥廷根大學指定了幾位傑出的猶太人任數學物理教授時，在德國立即掀起大譁，把哥廷根大學稱為「猶太大學」。3 月 31 日，德國掀起「抵制猶太日」，納粹及支持者占領大街，不准任何人進入猶太人的商店，對猶太人進行群毆。薛丁格正好在場，當即被激怒，斥責他們的野蠻行徑，於是遭到暴徒的襲擊。4 月 7 日，國會通過《恢復職業公務員法案》，限制猶太人在政府機構、教育部門、大學中學和研究單位中任職。

僅一年時間，約 1,700 名猶太人或親猶太人士被開除或解僱，連愛因斯坦也不能倖免。此時，很多人透過各種途徑懇請普朗克公開出面，抵制反猶太主義行徑，保護德國的教育科學研究實力。鑒於當時的地位和影響，普朗克或許可以作一些表態或行動，但他僅僅選擇了沉默。海森堡天真地以為事情不會惡化，還寫信勸他的老師玻恩不要離開德國。

全世界眼睜睜地看著德國反猶太事態的發展，只有極少數人想起來該做點什麼。牛津大學的林德曼（Frederick Alexander Lindemann）教授就是其中之一，他不是猶太人，也不反猶太。在幾經努力得到一筆財政資助後，他來到柏林，準備救助一些猶太科學家。此時薛丁格卻向林德曼提出，希望其幫助他離開德國，這讓林德曼大為驚愕。薛丁格不是猶太人，林德曼認為納粹也不可能迫害他。沒想到薛丁格竟然因為厭惡瘋狂的納粹而情願放棄目前這個令人豔羨的職位，而去一個前途看起來十分渺茫而薪水又有限的國家。在林德曼的斡旋下，薛丁格離開柏林前往牛津被聘為麥格達林學院物理學教授。

1944 年，薛丁格著《生命是什麼 —— 活細胞的物理面貌》一書，試圖用熱力學、量子力學和化學理論來解釋生命的本性。這本書使許多年

輕物理學家開始注意生命科學中提出的問題，引導人們用物理學、化學方法去研究生命的本性，薛丁格成為蓬勃發展的分子生物學的先驅。

1961 年 1 月 4 日，他因患肺結核病逝於維也納，死後如願被埋在了阿爾卑包赫村，他的墓碑上刻著以他名字命名的薛丁格方程式。

▍薛丁格的貓（量子力學思維實驗）

薛丁格的貓是薛丁格提出的一個思想實驗，試圖從宏觀尺度闡述微觀尺度的量子疊加原理的問題，巧妙地把微觀物質在觀測後是粒子還是波的存在形式和宏觀的貓連結起來，以此求證觀測介入時量子的存在形式。隨著量子物理學的發展，薛丁格的貓還延伸出了平行宇宙等物理問題和哲學爭議。

這裡必須先要認識量子行為的一個現象：觀測。微觀物質有不同的存在形式，即粒子和波。通常，微觀物質以波的疊加混沌態存在；一旦觀測後，它們立刻選擇成為粒子。實驗是這樣的：在一個盒子裡有一隻貓，以及少量放射性物質。之後，有 50% 的機率放射性物質將會衰變並釋放出毒氣殺死這隻貓，同時有 50% 的機率放射性物質不會衰變而貓將活下來。

根據經典物理學，在盒子裡必將發生這兩個結果之一，而外部觀測者只有打開盒子才能知道裡面的結果。在量子的世界裡，當盒子處於關閉狀態，整個系統則一直保持不確定性的波態，即貓生死疊加。貓到底是死是活必須在盒子開啟後，外部觀測者觀測時，物質以粒子形式表現後才能確定。這項實驗旨在論證量子力學對微觀粒子世界超乎常理的認識和理解，可這使微觀不確定原理變成了宏觀不確定原理，客觀規律不以人的意志為轉移，貓既活又死違背了邏輯思維。

　　薛丁格的貓本身是一個假設的概念，隨著技術的發展，人們在光子、原子、分子中實現了薛丁格貓態，甚至已經開始嘗試用病毒來製備薛丁格貓態，人們已經越來越接近實現生命體的薛丁格貓。可是另外一方面，人們發現薛丁格貓態（量子疊加態）本身就在生命過程中存在著，且是生物生存不可缺少的。

214
拉曼（西元 1888 年－ 1970 年）

今天，全世界大學的化學或材料科學實驗室裡，幾乎都有拉曼譜儀。

> 錢德拉塞卡拉‧溫卡塔‧拉曼（Chandrasekhara Venkata Raman），西元 1888 年（清光緒十四年，戊子鼠年）出生於印度，物理學家。因光散射方面的研究工作和拉曼效應的發現，獲得了 1930 年的諾貝爾物理學獎。

拉曼是第一位獲得諾貝爾物理學獎的亞洲科學家。他還是一位教育家，他從事研究生的培養工作，並將其中很多優秀人才輸送到印度的許多重要職位。

天資出眾，16 歲大學畢業，以第一名獲物理學金獎，19 歲又以優異成績獲碩士學位。1906 年，他僅 18 歲，就在英國著名科學雜誌《哲學雜誌》（*Philosophical Magazine*）發表了關於光的繞射效應的論文。由於生病，拉曼失去了去英國劍橋大學作博士論文的機會。那時的印度，如果沒有獲得英國的博士學位，就意味著沒有資格在科學文化界任職。但會計行業是當時唯一例外的行業，不須先到英國受訓。於是拉曼就投考財政部以謀求一份職位，結果獲得第一名，被授予了總會計助理的職務。

1917 年加爾各答大學破例邀請他擔任物理學教授。他在加爾各答大

學任教 16 年期間，不斷有學生、教師和訪問學者到這裡來向他學習、與他合作，逐漸形成了以他為核心的學術團體。許多人在他的榜樣和成就的激勵下，走上了科學研究的道路。其中有著名的物理學家沙哈 (M. N. Saha) 和玻色 (S. N. Bose)。這時，加爾各答成為印度的科學研究中心，加爾各答大學和拉曼小組在這裡面成了眾望所歸的核心。

1921 年夏天，航行在地中海的客輪「納昆達」號上，拉曼正在甲板上用簡便的光學儀器俯身對海面進行觀測。他對海水的深藍色著了迷，一心要追究海水顏色的來源。他正在去英國的途中，代表印度的加爾各答大學到牛津參加英聯邦的科學會議，這時他 33 歲。對拉曼來說，海水的藍色並沒有什麼稀罕。他上學的馬德拉斯大學，面對本加爾海灣，每天都可以看到海灣裡變幻的海水色彩。事實上，他早在 16 歲時，就已熟悉著名物理學家瑞利用分子散射中散射光強與波長四次方成反比的定律（也叫瑞利定律）對蔚藍色天空所作的解釋。不知道是由於從小就養成的對自然奧祕刨根問底的個性，還是由於研究光散射問題時查閱文獻中的深入思考，他注意到瑞利的一段話值得商榷，瑞利說：「深海的藍色並不是海水的顏色，只不過是天空藍色被海水反射所致。」瑞利對海水藍色的論述一直是拉曼關心的問題。他決心進行實地考察。於是，拉曼在啟程去英國時，行裝裡準備了一套實驗裝置：幾個尼科爾稜鏡、小望遠鏡、狹縫，甚至還有一片光柵。望遠鏡兩頭裝上尼科爾稜鏡當起偏器和檢偏器，隨時都可以進行實驗。他用尼科爾稜鏡觀察沿布儒斯特角從海面反射的光線，即可消去來自天空的藍光。這樣看到的光應該就是海水自身的顏色。結果證明，由此看到的是比天空還要更深的藍色。他又用光柵分析海水的顏色，發現海水光譜的最大值比天空光譜的最大值更偏藍。可見，海水的顏色並非由天空顏色引起的，而是海水本身的一種性質。拉曼認為這一定是起因於水分子對光的散射。他在回程的輪船上寫了兩

篇論文，討論這一現象，論文在中途停靠時先後寄往英國，發表在倫敦的兩家雜誌上。

1924 年拉曼到美國訪問，正值不久前康普頓（Arthur Compton）發現 X 射線散射後波長變長的效應。拉曼顯然從康普頓的發現得到了重要啟示，後來他把自己的發現看成是「康普頓效應的光學對應」。

在 X 射線的康普頓效應發現以後，海森堡曾於 1925 年預言：可見光也會有類似的效應。1928 年，拉曼在「一種新的輻射」一文中指出：當單色光定向地通過透明物質時，會有一些光受到散射。散射光的光譜，除了含有原來波長的一些光以外，還含有一些弱的光，其波長與原來光的波長相差一個恆定的數量。這種單色光被介質分子散射後頻率發生改變的現象，稱為拉曼散射，又稱為拉曼效應。這一發現，很快就得到了公認。英國皇家學會正式稱之為「20 年代實驗物理學中最卓越的三、四個發現之一」。

拉曼效應

在光的散射現象中有一種特殊效應，和 X 射線散射的康普頓效應類似，光的頻率在散射後會發生變化。「拉曼散射」是指一定頻率的雷射照射到樣品表面時，物質中的分子吸收了部分能量，發生不同方式和程度的振動（如原子的擺動和扭動、化學鍵的擺動和振動），然後散射出較低頻率的光。頻率的變化決定於散射物質的特性，不同種類的原子團振動的方式是唯一的，因此可以產生特定頻率的散射光，其光譜就稱為「指紋光譜」，可以照此原理鑑別出組成物質的分子的種類。

215
德布羅意（西元 1892 年－ 1987 年）

粒子就是波，波也是粒子。

> 路易・維克多・德布羅意（Louis Victor Duc de Broglie），西元
> 1892 年（清光緒十八年，壬辰龍年。發現木衛五衛星）出生於法國
> 塞納河畔的迪耶普。理論物理學家，波動力學的創始人，物質波
> 理論的創立者，量子力學的奠基人之一。

德布羅意家族自 17 世紀在法國軍隊、政治、外交方面頗具盛名，數
百年來在戰場上和外交上為法國各朝國王服務。西元 1740 年路易十五
（Louis XV）封德布羅意家族為德布羅意公爵，封號由一家之長承襲，第
一代公爵的兒子曾在七年戰爭中為哈布斯堡家族出力作戰，獲得神聖羅
馬帝國親王封號，賜予家族中每一個成員。德布羅意的祖父 J.V.A. 德布
羅意（Jacques-Victor-Albert, 4th duc de Broglie）（西元 1821 年－ 1901 年）
是法國著名政治家和國務活動家，西元 1871 年當選為法國國民議會下院
議員，同年擔任法國駐英國大使，後來還擔任過法國總理和外交部部長
等職務。

德布羅意父母早逝，從小酷愛讀書。中學時代就顯示出文學才華，
從 18 歲開始在巴黎索邦大學學習歷史，研究中世紀史。據說中世紀史中
有著很多神祕的東西讓這位年輕人著迷，德布羅意 1910 年獲巴黎索邦大
學文學學士學位。

　　1911 年，他聽到作為第一屆索爾維物理討論會祕書的莫里斯談到關於光、輻射、量子性質等問題的討論後，激起了對新物理學的強烈興趣，特別是他讀了龐加萊的《科學的價值》（*La Valeur de la Science*）等書，開始轉向研究理論物理學。1913 年又獲理學學士學位。

　　第一次世界大戰期間，他在艾菲爾鐵塔上的軍用無線電報站服役六年，熟悉了關於無線電波的知識。他的哥哥（莫里斯・德布羅意）是一位實驗物理學家，是 X 射線方面的專家，擁有裝置精良的私人實驗室。從他哥哥那裡，德布羅意了解到普朗克和愛因斯坦關於量子方面的工作，進一步引起了他對物理學的極大興趣。經過一番內心交戰之後，德布羅意終於放棄了已決定研究法國歷史的計畫，選擇了物理學的研究道路，並且希望透過物理學研究獲得博士學位。

　　1923 年 9 月 —— 10 月，德布羅意連續在《法國科學院通報》上發表了三篇關於波和量子的論文。第一篇題目是「輻射－波與量子」，提出實物粒子也有波粒二象性，認為與運動粒子相應的還有一正弦波，兩者總保持相同的位相。後來他把這種假想的非物質波稱為相波。他考慮一個靜質量為 m_0 的運動粒子的相對論效應，把相應的內在能量 m_0c^2 視為一種頻率為 v_0 的簡單週期性現象。他把相波概念應用到以閉合軌道繞核運動的電子上，推出了波耳量子化條件。在第三篇題為「量子氣體運動理論以及費馬原理」的論文中，他進一步提出：「只有滿足位相波諧振，才是穩定的軌道」。在第二年的博士論文中，他更明確地寫下了：「諧振條件是 $l = n\lambda$，即電子軌道的周長是位相波波長的整數倍。」

　　德布羅意在這裡並沒有明確提出物質波這一概念，他只是用位相波或相波的概念，認為可以假想有一種非物質波。可是究竟是一種什麼波呢？在博士論文結尾處，他特別宣告：「我特意將相波和週期現象說得比

較含糊，就像光量子的定義一樣，可以說只是一種解釋，因此最好將這一理論看成是物理內容尚未說清楚的一種表達方式，而不能看成是最後定論的學說。」物質波是在薛丁格方程式建立以後，詮釋波函數的物理意義時才由薛丁格提出的。再有，德布羅意並沒有明確提出波長 λ 和動量 p 之間的關係式：$\lambda = h/p$（h 即普朗克常數），只是後來人們發覺這一關係在他的論文中已經隱含了，就把這一關係稱為德布羅意公式。

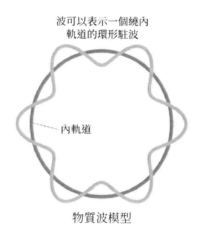

波可以表示一個繞內
軌道的環形駐波

內軌道

物質波模型

1924 年，在導師朗之萬的指導下，獲巴黎大學博士學位，在博士論文中首次提出了「物質波」概念。

德布羅意的論文發表後，當時並沒有引起多大反應。甚至很多人覺得不可思議，比如地球也具有波動性，其波長大約是 3.6×10^{-61} 公分，小得讓人無法探測。1902 年獲得諾貝爾物理學獎的著名物理學家勞侖茲的態度十分肯定：「德布羅意誤入歧途，實在可惜。」

無奈之下，朗之萬曾將德布羅意的博士論文寄給愛因斯坦，愛因斯坦看到後非常高興。他沒有想到，自己創立的關於光的波粒二象性觀念，在德布羅意手裡發展成如此豐富的內容，竟擴展到了運動粒子。當時愛因斯坦正在撰寫關於量子統計的論文，於是就在其中加了一段介紹

德布羅意工作的內容。他寫道：「一個物質粒子或物質粒子系可以怎樣用一個波場相對應，德布羅意先生已在一篇很值得注意的論文中指出了。」這樣一來，德布羅意的工作立即獲得大家的注意。

就這樣，物質波這一概念也受到德拜的關注。他收到這份博士論文後，將它交給了他的組裡面一位已過而立之年的講師。這位講師接到的任務是在兩週後的學術例會上將該博士論文介紹給其他同事。德拜將任務交給這位講師時的理由正是：「你現在研究的問題不很重要，不如對我們講講德布羅意的論文吧。」這位講師的名字叫做薛丁格！

兩週之後，薛丁格硬著頭皮把這篇論文的內容在例會上介紹給大家。講者不得要領，聽者也雲裡霧裡。但德拜則作了一個客氣的評價：這個觀點還是有些新穎的，既然提到波的概念，那麼總該有一個波動方程式吧。

薛丁格就把這話放心上了。很快他離開妻子，到瑞士阿爾卑斯山去度了兩個半星期的短假。

阿爾卑斯山麓的小長假結束後，回去他就作了個報告，報告上薛丁格說：「之前德拜向我提了個建議，說應當有個波動方程式。好，現在我有了。」從滑雪場回來，是冥冥之中有某種東西，給了薛丁格一個靈感，而就是這一個靈感，改變了物理學發展的軌跡。薛丁格竟從他的波動方程式中得出了波耳的氫原子理論！

1925 年，波耳的得意弟子海森堡提出了著名的矩陣力學，進一步拋棄經典概念，揭示量子影像，精確地解釋了許多現象（1932 年，海森堡因創立了量子力學，尤其是他的應用導致發現氫的同素異形體，而榮獲諾貝爾物理學獎）。薛丁格回到維也納之後仍然繼續做了一項工作，他證明了海森堡的矩陣力學和他的波動方程式表述的量子論其實只是不同的

描述方式。而今天的量子力學教材裡，已經不再講授海森堡的繁複矩陣方程式，而只列出薛丁格波動方程式了。（數年後，費利克斯・布洛赫問德拜他這段經歷，德拜卻說：「啊，有嗎？我忘了。」不過布洛赫覺得，猜想德拜是後悔了，當時就不該向薛丁格提建議去做這個方程式，而應該自己來。不管怎麼說，德拜轉頭又問布洛赫：「我這麼做應該是對的吧？」）

1925 年，美國貝爾實驗室的戴維森與革末在做真空鎳板電子流實驗時，發生了爆炸事故。他們在檢查事故修復裝置時，意外地發現了鎳板上有繞射圖樣。分析顯示，這是電子流產生的繞射影像，從而說明了電子具有波動性。在這以前人們一般都認為電子是一種粒子。

蘇格蘭的湯姆森也在實驗中發現了上述現象。這些電子繞射實驗的結果都證明了德布羅意的計算公式的正確性，證實了德布羅意的大膽假設是正確的。

至此，德布羅意的理論作為大膽假設而成功的例子獲得了普遍的讚賞，從而使他獲得了 1929 年諾貝爾物理學獎。

1932 年任巴黎大學理學院理論物理學教授。

1933 年被選為法國科學院院士。

1943 年起任該院常任祕書，1962 年退休。

1960 年，德布羅意的哥哥莫里斯・德布羅意過世，路易・德布羅意成為第七代德布羅意公爵。德布羅意從未結婚，有兩位忠心耿耿的隨從。他喜歡過簡樸的生活，賣掉了貴族世襲的豪華大宅，選擇住在平民小屋。他深居簡出，從來不放假，是個標準的工作狂。上班通勤，他喜歡步行，或搭巴士，不曾擁有私人汽車。對人彬彬有禮，他絕不發脾氣，是一位貴族紳士。1987 年 3 月 19 日，德布羅意過世，高齡 95 歲。

216
玻色（西元 1894 年－ 1974 年）

玻色把自己的名字和愛因斯坦綁在了一起：玻色－愛因斯坦凝聚。

薩特延德拉・納特・玻色（Satyendra Nath Bose），西元 1894 年（清光緒二十年，甲午馬年。發現惰性元素「氬」）出生於印度加爾各答，物理學家，專門研究數學物理。

玻色最著名的研究是 1820 年代早期的量子物理研究，該研究為玻色－愛因斯坦統計及玻色－愛因斯坦凝聚理論提供了基礎。玻色子就是以他的名字命名的。

玻色就讀於加爾各答印度教學校，後就讀於也位於加爾各答的院長學院，他在這兩所當地知名學府時都獲得了最高分。他接觸了一些優秀的老師，如賈加迪什・錢德拉・玻色（Jagdish Chandra Bose，無血緣關係）及普拉富爾拉・錢德拉・羅伊（Prafulla Chandra Roy），他們都鼓舞玻色要立遠大志向。他於 1911 年－ 1921 年任加爾各答大學物理學系講師。他於 1921 年轉到當時成立不久的達卡大學物理學系（現位於孟加拉境內），也是任職講師。

有一次玻色在達卡大學講課，課題是光電效應及紫外災難，玻色打算向學生展示當時理論的不適之處，因為理論預測的結果跟實驗不符。在講課期間，玻色在應用理論時犯了個錯，意想不到的是居然得出了一

個跟實驗一致的預測。他後來將講課內容改寫成一篇短文「普朗克定律與光量子假說」。該文接受了黑體輻射是光子理想氣體的觀點，研究「光子在各能級上的分布」問題，採用計數光子系統所有可能的各種微觀狀態統計方法，以不同於普朗克的方式推匯出普朗克黑體輻射公式，證明了普朗克公式可以從愛因斯坦氣體模型匯出。

那個錯誤是一個很簡單的錯 —— 與認為同時擲兩枚硬幣得兩正面的機率是三分之一是一樣的 —— 任何對統計學有一點基礎理解的人都知道有問題。然而，預測結果跟實驗吻合，且玻色意識到這畢竟有可能不是錯誤。他首次提出馬克士威－波茲曼分布對微觀粒子不成立，因為由海森堡測不準原理所導致的變動此時會大得足夠構成影響。故此他強調在每個體積為 h 的位相空間中找到粒子的機率，而捨棄粒子的不同位置和動量。

接下來玻色將寫好的論文投到英國的《哲學雜誌》，但被拒絕了。他們認為他所展現的是一個簡單錯誤，而玻色的發現顯然被忽略了。灰心的他寫了封信給愛因斯坦。愛因斯坦收到信，看著信封疑惑不解，不知道為什麼會有人從遙遠的印度寄來郵件。信中是玻色那篇只有六頁的論文，愛因斯坦閱後馬上就同意了他的觀點，親自將玻色的文章翻譯成德文，並寫了一篇支持玻色理論的論文，遞給《（德國）物理學刊》（*Zeitschrift für Physik*），並要求把這兩篇論文一同發表。此後玻色的理論終於被承認，這是 1924 年的事。

玻色的「錯誤」能得出正確結果，這是因為光子們是不能被分辨出來的，也就是不能把任何兩個同能量的光子當作兩個能被明確辨識的光子（在量子力學中它們被稱為全同粒子）。比方說，如果在另一個宇宙裡，硬幣表現得像光子及其他玻色子一樣，擲出兩正的機率會而且的確是三

分之一（因為正反＝反正）。玻色的「錯誤」現在被稱為玻色－愛因斯坦統計。

　　愛因斯坦採用了這個概念，並把它延伸到原子中。他預測：所有原子的量子態都凝聚於一個單一的量子態的狀態，稱為玻色凝聚或玻色－愛因斯坦凝聚。在這現象中一組高密度的玻色子（自旋為零或整數的粒子，以玻色命名，光子的自旋為零）在超低溫狀態下呈現出一種氣態的、超流性的物質狀態（物態）。在這種狀態下，幾乎全部原子都聚集到能量最低的量子態，形成一個宏觀的量子狀態。1995 年，麻省理工學院的沃夫岡‧克特勒（Wolfgang Ketterle）、科羅拉多大學波德分校的埃里克‧康奈爾（Eric Allin Cornell）和卡爾‧威曼（Carl Edwin Wieman）使用氣態的銣原子在 170nK 的低溫下首次獲得了玻色－愛因斯坦凝聚。

　　雖然玻色－愛因斯坦凝聚很難理解也很難實現，但它們也有許多非常有趣的特性。比如它們可以有異常高的光學密度差。一般來說凝聚的折射係數是非常小的，因為它的密度比平常的固體要小得多，但使用雷射可以改變玻色－愛因斯坦凝聚的原子狀態，使它對一定頻率的係數驟增。這樣光速在凝聚內的速度就會驟降，甚至降到每秒數公尺。

　　自轉的玻色－愛因斯坦凝聚可以作為黑洞的模型，入射的光不會逃離。凝聚也可以用來「凍結」光，這樣被「凍結」的光在凝聚分解時又會被釋放出來。

　　儘管跟玻色子、玻色－愛因斯坦統計及玻色－愛因斯坦凝聚概念相關研究獲得的諾貝爾獎不只一個，最近的是 2001 年的物理學獎，但玻色本人卻未獲得諾貝爾物理學獎。他多才多藝，會說多國語言之餘，還會彈埃斯拉古琴（一種跟小提琴相似的樂器）。

217
包立（1900 年－ 1958 年）

18 歲時沒讀過大學的包立直接成為索末菲的研究生。

> 沃夫岡‧包立（Wolfgang Pauli），1900 年（清光緒二十六年，庚子鼠年。普朗克發表量子理論）生於奧地利維也納，父親是維也納大學的物理化學教授，教父是奧地利著名物理學家兼哲學家馬赫。美籍奧地利科學家、物理學家。

1918 年中學畢業後，包立帶著父親的介紹信，到慕尼黑大學訪問著名物理學家索末菲（A. Sommerfeld），要求不上大學而直接作索末菲的研究生，索末菲當時沒有拒絕，卻難免不放心，但不久就發現包立的才華，於是包立成為慕尼黑大學最年輕的研究生。

1918 年，18 歲的包立初露鋒芒，他發表了第一篇論文，是關於引力場中能量分量的問題。

1919 年，包立在兩篇論文中指出外爾（H. Weyl）引力理論的一個錯誤，並以批判的角度評論外爾的理論。其立論之明確，思考之成熟，令人很難相信這出自一個不滿 20 歲的年輕人之手。

1921 年，包立以一篇氫分子模型的論文獲得博士學位。同年，他為德國的《數學科學百科全書》（*Encyklopädie der mathematischen Wissenschaften*）寫了一篇長達 237 頁的關於狹義相對論和廣義相對論的詞條，

該文至今仍然是該領域的經典文獻之一。愛因斯坦曾經評價說：「讀了這篇成熟的、構思宏偉的著作，誰也想不到作者竟是一個 21 歲的青年。其思想發展之融會貫通，數學推理之精湛，物理洞察力之深刻，語言表達之流暢，文獻選擇之廣博，題材處理之完備，歷史評價之恰當 —— 讓人簡直不知道最值得稱讚的是什麼。」

1922 年，包立在哥廷根大學任玻恩的助教，和玻恩就天體攝動理論在原子物理中的運用聯名發表論文。玻恩邀請丹麥著名物理學家尼爾斯·波耳到哥廷根講學，在談論中，波耳了解到包立的才華，和他廣泛交談，從此開始了他們之間的長期合作。當年秋天，包立就到了哥本哈根大學理論物理研究所從事研究工作。在哥本哈根，包立先是與克萊默（H. A. Kramers）共同研究了譜帶理論，然後專注於反常塞曼效應，包立根據朗德（Lande）的研究成果，提出了朗德因子。

1925 年 1 月，包立提出了他一生中發現的最重要的原理 —— 包立不相容原理（在原子的同一軌道中不能容納運動狀態完全相同的電子），為原子物理學的發展奠定了重要基礎。

1935 年，包立移居到美國。

1940 年，他受聘為普林斯頓高級研究所理論物理學訪問教授。

1945 年，包立被授予諾貝爾物理學獎，以表彰他之前發現的不相容原理。

1946 年，包立重返蘇黎世聯邦理工學院。

1958 年 12 月 15 日，包立在蘇黎世逝世，享年 58 歲。

作為一名物理學家，包立的眼光相當銳利。他和海森堡認識的時候，雖然不一樣大，但是海森堡對他言聽計從，十分崇拜。海森堡剛開始想做相對論方向的工作，包立在相對論方面已經算是一個小專家，他

告訴海森堡，他覺得相對論方面近期的進展是沒有希望的了，但在原子物理方面機會卻是大大的。要是海森堡去做相對論，就不是現在的樣子了。

包立以嚴謹博學而著稱，也以尖刻和愛挑刺而聞名，被稱為「上帝的鞭子」。包立在 20 歲時，有一次前去聆聽愛因斯坦的演講，坐在最後一排座位，他向愛因斯坦提出了一些問題，其火力之猛，連愛因斯坦都招架不了。據說此後愛因斯坦演講時，眼光都要特別掃過最後一排，查驗有無熟悉的身影出現。愛因斯坦在一次國際會議上作報告，結束後包立站起來說：「我覺得愛因斯坦並不完全是愚蠢的。」

他曾經批評學生的論文：「連錯誤都算不上。」他對一篇文章最好的評價就是：「這章幾乎沒有錯。」克勒尼希 (Kronig) 最早提出電子自旋的概念，可是拿著論文去找包立時，被罵了一頓，因為包立指出計算不符合相對論。於是他不敢發表這篇文章，與電子自旋的發現失之交臂。

包立被波耳稱為「物理學的良知」，因為他的敏銳、謹慎和挑剔，使他具有一眼就能發現錯誤的能力。物理學界笑談存在一種「包立效應」──包立出現在哪裡，那裡的人不管是在做理論推導還是實驗操作都會出岔子。

對於所有熱愛科學的人來說，愛因斯坦在 20 世紀簡直就是上帝。玻恩曾經認為，包立也許是比愛因斯坦還厲害的科學家，不過他又補充說，包立完全是另一類人，「在我看來，他不可能像愛因斯坦一樣偉大」。那麼包立是怎麼看待愛因斯坦的呢？ 1945 年，包立終於拿到了那個他覺得自己 20 年前就應該拿到的諾貝爾獎後，普林斯頓高等研究院為包立開慶祝會，愛因斯坦為此在會上演講表示祝賀。包立後來寫信給玻恩回憶這一段，說「當時的情景就像物理學的王傳位於他的繼承者。」包

立倒是一點都不客氣，認為自己就是繼承者了。

　　包立一生最遺憾的是，他是那個時代公認最聰明的物理學家，卻沒有做出一個劃時代的發現。

　　他一生喜歡評論別人的東西，經常是一針見血，不過很可惜，他一生反對錯了最重要的兩件事情，一個是電子自旋，一個是宇稱不守恆。可能一個人過於敏銳了，對於一些違反常規的想法有一種本能的抵制。

218
費米（1901 年－ 1954 年）

　　擇偶觀：她應該出自身強力壯的農村血統，而且祖父母和外祖父母都健在。

> 　　恩利克・費米（Enrico Fermi），1901 年（清光緒二十七年，辛丑牛年。諾貝爾獎被首次頒發；義大利物理學家吉列爾莫・馬可尼在紐芬蘭的聖約翰收到了第一個跨越大西洋的無線電訊號，德國人齊柏林〔Zeppelin〕設計的人類第一艘飛艇首航成功；山東大學堂（山東大學前身）成立）出生於義大利羅馬。美籍義大利著名物理學家、美國芝加哥大學物理學教授，1938 年諾貝爾物理學獎得主。

　　費米領導小組在芝加哥大學菲爾德（Stagg Field）建立了人類第一臺核子反應爐（芝加哥一號堆，Chicago Pile-1），人類從此邁入原子能時代，費米也被譽為「原子能之父」。

　　費米在理論和實驗方面都有一流的建樹，這在現代物理學家中是屈指可數的。100 號化學元素鐨、美國伊利諾州著名的費米實驗室、芝加哥大學的費米研究院都是為紀念他而命名的。

　　費米人生的最後幾年，主要從事高能物理的研究。1949 年，研究了 π 介子、μ 子和核子的相互作用，提出宇宙線起源理論。1952 年，發現

了第一個強子共振 —— 同位旋四重態。1949 年，與楊振寧合作，提出基本粒子的第一個複合模型。

費米先後獲得德國普朗克獎章、美國哲學會劉易斯獎學金和費米獎。1953 年被選為美國物理學會主席。還被德國海森堡大學，荷蘭烏特勒支大學，美國華盛頓大學、哥倫比亞大學、耶魯大學、哈佛大學、羅徹斯特大學和拉克福德大學授予榮譽博士。

費米之所以成為重要人物，有以下幾個原因。一是他是無可爭議的 20 世紀最偉大的科學家之一，而且是為數不多的理論家和實驗家。他共寫了 250 多篇科學論文。二是費米在發明原子爆破方面是一個非常重要的人物，儘管別人在推動這項事業的發展上也發揮了同樣重要的作用。

為紀念費米對核物理學的貢獻，美國原子能委員會建立了「費米獎」，以表彰為和平利用核能作出貢獻的各國科學家。

費米曾經談過他心目中「理想妻子」的標準：第一，她必須是個身體健美、具有運動員體格的女孩。第二，如果可能的話，她最好長著一頭金髮，並且不信宗教。第三，她應該出自身強力壯的農村血統，而且祖父母和外祖父母都健在。

有一次，費米帶著神祕的微笑對朋友們說：「我想做點出乎尋常的事了。」費米清了清嗓子，鄭重其事地宣布說：「我決定做的出乎尋常事是買一輛小汽車和討一個老婆。」

費米一貫是說話算話，這一次又兌現了。沒過多久，他真的開回來一輛法國產的小車。買車的計畫實現了，娶一個如意的妻子就要難多了。

蘿拉（Laura）與費米相識後，從沒有把自己與費米相連到一起。費米的身上有一種獨特的東西吸引著她，究竟是什麼東西她也說不上。樂

觀，自信，好為人師，有時又天真得像個大頑童。她在潛意識裡權衡了一下自己，她身材不高，又不是金髮，體格也不特別健壯。她唯一喜歡的運動就是偶爾去滑滑雪。她的祖輩都是城裡的白領階層，因此不具有農村血統。此外，她的外祖母已經去世。一句話，費米「理想妻子」的標準，她一項都不具備。

但緣分就是這麼奇妙，第二年春天，費米在朋友中宣布了他與蘿拉訂婚的消息。大家都為這個姻緣拍手叫好。有人故意取笑他的「理想妻子」標準時，費米灑脫地一笑說：「現在我才明白，理想的永遠也比不上實際的好！」

費米悖論

1951 年的一天，諾貝爾獎得主、物理學家費米在和別人討論飛碟及外星人問題時，突然冒出一句：「他們都在哪裡呢？」這句看似簡單的問話，就是著名的「費米悖論」。如果銀河系存在大量先進的地外文明，那麼為什麼連飛船或者探測器之類的證據都看不到。

「費米悖論」隱含之意是，理論上講，人類能用 100 萬年的時間飛往銀河系各個星球，那麼，外星人只要比人類早進化 100 萬年，現在就應該來到地球了。換言之，「費米悖論」說明了這樣的悖論：①外星人是存在的 —— 科學推論可以證明，外星人的進化要遠早於人類，他們應該已經來到地球並存在於某處了。②外星人是不存在的 —— 迄今，人類並未發現任何關於外星人存在的蛛絲馬跡。闡述的是對地外文明存在性的過高猜想和缺少相關證據之間的矛盾。

219
海森堡（1901年－1976年）

發現測不準原理，一生之路也測不準。

> 維爾納·海森堡（Werner Heisenberg），1901年（清光緒二十七年，辛丑牛年）出生於德國符茲堡。著名物理學家，量子力學的主要創始人，哥本哈根學派的代表人物，1932年諾貝爾物理學獎得主。量子力學是整個科學史上最重要的成就之一，他的《量子論的物理學基礎》（*The Physical Principles of the Quantum Theory*）是量子力學領域的一部經典著作。鑒於他的重要影響，在美國學者麥可·哈特所著的《影響世界歷史100位名人》中，海森堡名列第43位。

光輝成績的背後也有著不為人知的往事，1923年，年僅22歲的海森堡差點沒有拿到博士學位。在答辯現場，面對數學問題時，海森堡回答起來得心應手；到天文學問題的時候，他就開始不知所措；最後到實驗物理的時候，則完全一臉茫然。在卜實驗課的時候，海森堡需要使用法布立－培若干涉儀來觀察光波的干涉。雖然教實驗的威廉·維因已經講解過很多次，可是海森堡依然一點都不知道如何算出干涉儀的解析度。當問及海森堡蓄電池如何工作的時候，他依然是一臉的困惑、不知所云……最終，在導師索末菲的極力保護下，海森堡勉強拿到了博士學位。

　　海森堡是繼愛因斯坦之後最有作為的科學家之一。與愛因斯坦受普朗克的量子理論的啟發而提出了光量子假設一樣，海森堡也是得益於愛因斯坦的相對論的思路而於 1925 年創立了矩陣力學，並提出不確定性原理及矩陣理論。量子力學是人們研究微觀世界必不可少的有力工具。由於對量子理論的新貢獻，他於 1932 年獲得了諾貝爾物理學獎。海森堡還完成了核子反應爐理論。由於獲得的上述重大成就，他成了 20 世紀最重要的理論物理和原子物理學家。

　　第二次世界大戰開始後，迫於納粹德國的威脅，丹麥的物理學家波耳離開了心愛的哥本哈根理論物理研究所，離開了朝夕相處的來自世界各地的同事，遠赴美國。德國的許多科學家也紛紛背井離鄉，堅決不與納粹勢力妥協。然而，有一位同樣優秀的物理學家卻留了下來，並被納粹德國委以重任，負責領導研製原子彈的技術工作。遠在異鄉的波耳異常憤怒，他與這位過去的同事產生了尖銳的矛盾，並與他形成了終生未能化解的隔閡。有趣的是，這位一直未能被波耳諒解的科學家卻在 1970年獲得了波耳國際獎章，而這一獎章是用以表彰「在原子能和平利用方面作出了重大貢獻的科學家或工程師」的。歷史在此開了個極大的玩笑，這玩笑的主角就像他發現的「不確定性原理」一樣，一直讓人感到困惑和不解。他就是量子力學的創始人 —— 海森堡。

▍納粹未能研發原子彈，只因他「算錯」一個資料

　　1945 年，美國花費不到 3 年時間，就製造出了原子彈，並在日本展示其威力 —— 一顆原子彈可以毀滅一個城市。而讓後世不理解的是，當時德國比美國早 3 年開始研製原子彈，為何直到第二次世界大戰結束也沒能製造出原子彈呢？

1939 年，德國化學家哈恩和物理化學家施特拉斯曼（Fritz Straß-mann）發現了原子核裂變現象，核能的強大潛力第一次展現在世人面前。與很多其他方面的發明發現一樣，原子能的運用首先引起了各國軍方的關注。利用核裂變原理來製造原子彈成為幾個大國的目標，德國在這方面也不甘人後。

納粹政府責成當時世界上最具名望的物理學家 —— 海森堡來負責德國的原子彈項目。

海森堡在研發原子彈時，竟然將「鈾 235」（最核心）的資料給算「錯了」。依照他自己的算法，每顆原子彈需要的「鈾 235」的重量高達幾噸。即使德國在世界上屬於極其進步的國家之一，也無法「找到」那麼多的核原料（鈾 235）（這個「錯誤的資料」到底是不是海森堡故意算錯的，就不得而知了，大家可能心裡有數）。

1942 年 6 月，海森堡向軍備部長施佩爾（Speer）報告說，鈾計畫因為技術原因在短時間內難以產出任何實際的結果，在戰爭期間造出原子彈更是不大可能的。但他同時也使施佩爾相信，德國的研究仍處在領先的地位。

施佩爾將這一情況報告希特勒。當時由於整個戰場情況的緊迫，德國的研究計畫被迫採取一種急功近利的方略，也就是不能在短時間，確切地說是六週內見效的計畫都被暫時放在一邊。希特勒和施佩爾達成一致意見：對原子彈不必花太大力氣，不過既然在這方面仍然「領先」，也不妨繼續撥款研究下去。

抽絲剝繭，最主要的原因竟是海森堡算錯了一個資料，才使德國原子彈計畫滿盤皆崩。然而，海森堡的這個錯誤資料雖拯救了世界，但他仍避不開眾人道德的拷問。

如果他是預見原子彈的殘酷，出於科學家的良知而故意「算錯了」，他將成為萬人擁戴的科學英雄。

若他只是因為能力不足而「算錯了」，人們將會坐實他狂熱納粹分子的身分。

真相是什麼，也許像他的「不確定原理」一樣，永遠不確定。

220
鮑林（1901 年－ 1994 年）

獲得過不同諾貝爾獎的兩人之一。

萊納斯・卡爾・鮑林（Linus Carl Pauling），1901 年（清光緒二十七年，辛丑牛年）出生於美國奧勒岡州波特蘭市，美國著名化學家，量子化學和結構生物學的先驅者之一。1954 年因在化學鍵方面的工作獲得諾貝爾化學獎，1962 年因反對核彈在地面測試的行動獲得諾貝爾和平獎，成為獲得不同諾貝爾獎項的兩人之一。

1917 年，鮑林以優異的成績考入奧勒岡州農學院化學工程系，他希望透過學習大學化學最終實現自己的理想。鮑林的家境很不好，父親只是一名普通的藥劑師，母親多病。家中經濟收入微薄，居住環境也很差。由於經濟困難，鮑林在大學曾休學一年，自己去賺學費，復學以後，他靠勤工儉學來維持學習和生活，曾兼任分析化學教師的實驗員，在四年級時還兼任過一年級的實驗課。

鮑林在艱難的條件下刻苦攻讀。他對化學鍵的理論很感興趣，同時，認真學習了原子物理、數學、生物學等多門學科。這些知識，為鮑林以後的研究工作打下了堅實的基礎。1922 年，鮑林以優異的成績從大學畢業，同時，考取了加州理工學院的研究生，導師是著名化學家諾伊斯（Arthur Noyes）。諾伊斯擅長物理化學和分析化學，對學生循循善誘，為人和藹可親，學生們評價他「極善於鼓勵學生熱愛化學」。

　　鮑林獲博士學位以後，於 1926 年 2 月去歐洲，在索末菲實驗室工作一年。然後又到波耳實驗室工作了半年，還拜訪過薛丁格和德拜的實驗室。這些學術研究使鮑林對量子力學有了極為深刻的了解，堅定了他用量子力學方法解決化學鍵問題的信心。鮑林從讀研究生到去歐洲遊學，所接觸的都是世界第一流的專家，直接面臨科學前端問題，這對他後來獲得學術成就是十分重要的。

　　1927 年，鮑林結束了兩年的歐洲遊學回到美國，在加州理工學院擔任理論化學的助理教授。除講授量子力學及其在化學中的應用外，還講授晶體化學及開設關於化學鍵本質的學術講座。1930 年，鮑林再一次去歐洲，到布拉格實驗室學習關於射線的技術，後來又到慕尼黑學習電子繞射方面的技術，回國後，被加州理工學院聘為教授。

　　鮑林在探索化學鍵理論時，遇到了甲烷的正四面體結構的解釋問題。傳統理論認為，原子在未化合前外層有未成對的電子，這些未成對電子如果自旋反平行，則可兩兩結成電子對，在原子間形成共價鍵。一個電子與另一電子配對以後，就不能再與第三個電子配對。在原子相互結合成分子時，靠的是原子外層軌道重疊，重疊越多，形成的共價鍵就越穩定，但這種理論無法解釋甲烷的正四面體結構。

　　為了解釋甲烷的正四面體結構，說明碳原子四個鍵的等價性，鮑林在 1928 年－ 1931 年提出了雜化軌道的理論。該理論的根據是電子運動不僅具有粒子性，同時還有波動性。而波又是可以疊加的。所以鮑林認為，碳原子和周圍四個氫原子成鍵時，所使用的軌道不是原來的 s 軌道或 p 軌道，而是二者經混雜、疊加而成的「雜化軌道」，這種雜化軌道在能量和方向上的分配是對稱均衡的。雜化軌道理論很好地解釋了甲烷的正四面體結構。

在有機化學結構理論中，鮑林還提出過有名的「共振論」。共振論直接易懂，在化學教學中易被接受，所以受到歡迎，在 1940 年代以前，這種理論產生了重要影響。

鮑林在研究量子化學和其他化學理論時，創造性地提出了許多新的概念。例如，共價半徑、金屬半徑、電負性標度等，這些概念的應用，對現代化學、凝聚態物理的發展都有重大意義。1932 年，鮑林預言，惰性氣體可以與其他元素化合生成化合物。惰性氣體原子最外層都被 8 個電子所填滿，形成穩定的電子層，按照傳統理論不能再與其他原子化合。但鮑林的量子化學觀點認為，較重的惰性氣體原子，可能會與那些特別容易接受電子的元素形成化合物，這一預言在 1962 年被證實。

1955 年，鮑林和世界知名的科學家愛因斯坦、伯特蘭・羅素、約里奧 - 居禮（Frédéric Joliot-Curie）、玻恩等，簽署了一份宣言：呼籲科學家應共同反對發展毀滅性武器，反對戰爭，保衛和平。1957 年 5 月，鮑林起草了「科學家反對核實驗請願書」，在兩週內就有 2,000 多名美國科學家簽名，短短幾個月內，就有 49 個國家的 11,000 餘名科學家簽名。1958 年，鮑林把反核實驗宣言交給了聯合國祕書長哈瑪紹，向聯合國請願。同年，他寫了《不要再有戰爭》（No more war!）一書，書中以豐富的資料說明了核武器對人類的重大威脅。

1959 年，鮑林和羅素等人在美國創辦了《一人少數》（The Minority of One）月刊，反對戰爭，宣傳和平。同年 8 月，他參加了在日本廣島舉行的禁止原子彈氫彈大會。由於鮑林對和平事業的貢獻，他在 1962 年榮獲了諾貝爾和平獎。他以「科學與和平」為題，發表了領獎演說，在演說中指出：「在我們這個世界歷史的新時代，世界問題不能用戰爭和暴力來解決，而應按照對所有人都公平，對一切國家都平等的方式，根據世界法

律來解決。」最後他號召：「我們要逐步建立起一個對全人類在經濟、政治和社會方面都公正合理的世界，建立起一種和人類智慧相稱的世界文化。」鮑林是一位偉大的科學家與和平戰士，他的影響力遍及全世界。

221
狄拉克（1902 年－ 1984 年）

狄拉克和薛丁格因給出量子力學的基本方程式而共同獲得了諾貝爾物理學獎。

保羅‧狄拉克 (Paul Dirac)，1902 年（清光緒二十八年，壬寅虎年）出生於英格蘭布里斯托。英國理論物理學家，量子力學的奠基者之一，並對量子電動力學早期的發展作出重要貢獻。

他給出的狄拉克方程式可以描述費米子的物理行為，並且預測了反物質的存在。

1933 年，因為「發現了在原子理論裡很有用的新形式」（即量子力學的基本方程式 —— 薛丁格方程式和狄拉克方程式），狄拉克和薛丁格共同獲得了諾貝爾物理學獎。

狄拉克希望研究一直以來感興趣的相對論，然而在拉爾夫‧福勒 (Ralph Howard Fowler) 的指導下，狄拉克開始接觸原子理論。福勒將原子理論中最新的概念如波耳等人的理論介紹給了狄拉克，對此狄拉克曾回憶道：「還記得我頭一回看到波耳的理論，我相當驚訝⋯⋯讓人驚奇的是在特定的條件下，我們居然能將牛頓定律用於原子裡的電子。第一個條件是忽略電子輻射，第二個則是放入量子條件。我仍記得很清楚，波耳的理論當時給了我多大的震撼。我相信在發展量子力學上，波耳引入

的這個概念是最大的突破。」

之後狄拉克也嘗試著將波耳的理論作延伸。1925 年海森堡提出了著眼於可觀察的物理量的理論，其中牽涉到矩陣相乘的不可交換性。狄拉克起初對此並不特別欣賞，然而約兩個星期之後，他意識到當中的不可交換性具有重要的意義，並且發現了經典力學中帕松括號與海森堡提出的矩陣力學規則的相似之處。基於這項發現，他得出更明確的量子化規則（即正則量子化）。這篇名為「量子力學」的論文發表於 1926 年，狄拉克也憑藉這項工作獲得博士學位。

同時薛丁格以物質波的波方程式提出了自己的量子理論。狄拉克很快發現海森堡與薛丁格兩人的理論是彼此互補的，並開始研究薛丁格的波動力學。

1926 年 9 月，在福勒的建議之下，狄拉克前往位於哥本哈根的尼爾斯‧波耳研究所作了一段時間的研究。在哥本哈根期間，狄拉克繼續量子力學的研究，發展出了涵蓋波動力學與矩陣力學的廣義理論。這個方法與經典哈密頓力學的正則變換相類似，允許使用不同組的變數基底。此外，為了處理連續變數，狄拉克引入了新的數學工具 —— 狄拉克 δ 函數。

1933 年，狄拉克證明了單一磁單極的存在就足以解釋電荷的量子化。在 1975 年、1982 年以及 2009 年都有研究結果指出磁單極可能存在。但到目前為止，仍沒有磁單極存在的直接證據。即使如此，某些大統一理論仍包含磁單極，用於解釋宇宙結構的形成。狄拉克的磁單極是第一次將拓撲學的概念用於處理物理問題。

1984 年，狄拉克在佛羅里達州塔拉哈西去世，並埋葬於當地的羅斯蘭公墓。

狄拉克與諾貝爾獎

狄拉克為人特別嚴謹自律，看淡物質享受，不吸菸、不喝酒甚至不喝各種飲料，渴了只喝水。不僅生活上如此，連寫文章也是拒絕浪費詞句，行文極其精練準確。楊振寧形容狄拉克的文章是「秋水文章不染塵」，沒有任何渣滓，文字直抵宇宙精微奧祕。

1933 年，因為狄拉克和薛丁格對量子力學的貢獻，諾貝爾委員會決定授予他們物理學獎。但是狄拉克打算拒絕接受這個獎項。他不想出名，不想為社會活動分心。他只想安心研究他的物理學。但拉塞福告訴他：如果你不接受這個獎，你會更出名，會有更多的人來麻煩你。

狄拉克想了想，知道拉塞福是對的，只好接受諾貝爾獎。狄拉克是由他媽媽陪著去斯德哥爾摩領獎的。倫敦的一家報紙形容他「靦腆害羞得像個小羚羊，典雅文靜得像維多利亞時代的處女」，文章的標題是「害怕所有女人的天才」。

但是後來英國王室要授予他騎士榮譽的時候，他這回真的拒絕了。理由是，如果接受這個榮譽，他的名字就要增加一個象徵貴族身分的尊稱（Sir）。而名字的變動是要經過政府批准的，他嫌麻煩。

天才也是人，也難免有人的虛榮、貪婪和膚淺。培根曾經捲入受賄案，牛頓試圖燒毀虎克的文稿。能如狄拉克這樣把名望當浮雲，一心只想探究宇宙奧祕的天才，值得為之脫帽致敬。難怪波耳讚曰：在所有的物理學家裡，狄拉克擁有最純潔的靈魂。

222
馮紐曼（1903 年－ 1957 年）

電腦之父。

> 　　約翰‧馮紐曼（John von Neumann），1903 年（清光緒二十九年，癸卯兔年。發現甲骨文；福特汽車公司成立；發現鐳；太平洋海底電纜投入使用；萊特兄弟完成人類首次飛行）生於匈牙利布達佩斯的一個猶太家庭。20 世紀最重要的數學家之一，是現代電腦、賽局理論、核武器和生化武器等領域的科學全才之一，被後人稱為「電腦之父」和「賽局理論之父」。

　　馮紐曼在純粹數學和應用數學方面都作出了傑出的貢獻。他的工作大致可以分為兩個時期。1940 年以前，主要是純粹數學的研究：在數理邏輯方面提出簡單而明確的序數理論，並對集合論進行新的公理化，其中明確區別集合與類；其後，他研究希爾伯特空間上線性自伴算子的譜理論，從而為量子力學打下數學基礎；1930 年起，他證明平均遍歷定理，開拓了遍歷理論的新領域；1933 年，他運用緊緻群解決了希爾伯特第五問題；此外，他在測度論、格論和連續幾何學方面也有開創性的貢獻；從 1936 年－ 1943 年，他和莫瑞（Francis Joseph Murray）合作，創造了運算元環理論，即所謂的馮紐曼代數。

　　1946 年，馮紐曼開始研究程式編制問題，他是現代數值分析 —— 計算數學的締造者之一，他首先研究線性代數和算術的數值計算，後來著

重研究非線性微分方程式的離散化以及穩定問題，並給出誤差的猜想。他協助發展了一些算法，特別是蒙地卡羅方法。

1940 年代末，他開始研究自動機理論，研究一般邏輯理論以及自我複製系統。在生命的最後時刻，他深入比較了天然自動機與人工自動機。他逝世後其未完成的手稿在 1958 年以《電腦與人腦》(*The Computer and the Brain*) 為名出版。

簡單來說他的精髓貢獻是兩點：二進位制思想與程式記憶體思想。馮紐曼對人類的最大貢獻是對電腦科學、電腦技術、數值分析和經濟學中的賽局理論的開拓性工作。

223
布洛赫（1905 年－ 1983 年）

今天，核磁共振成像已成為醫學檢查的常規方法。

費利克斯・布洛赫（Felix Bloch），瑞士物理學家。

原子是由電子和原子核組成的。原子核帶正電，它們可以在磁場中旋轉。磁場的強度和方向決定了原子核旋轉的頻率和方向。在磁場中旋轉的原子核有一個特點，即可以吸收頻率與其旋轉頻率相同的電磁波，使原子核的能量增加，當原子核恢復原狀時，就會把多餘的能量以電磁波的形式釋放出來。這一現象如同拉小提琴時琴弓與琴絃的共振一樣，因而被稱為核磁共振。1946 年布洛赫和愛德華・珀塞爾（Edward Purcell）首先發現了核磁共振現象，他們因此獲得了 1952 年的諾貝爾物理學獎。

核磁共振方法不僅在核物理研究中發揮著重要作用，而且在科學技術上也有著廣泛的應用。例如，核磁共振分析可以用來探測物質的微觀結構和各種相互作用；核磁共振人體成像已成為診斷疾病的有力工具。

224
朗道 （1908 年－ 1968 年）

漂亮女孩都和別人結婚了，只剩下一些普通的。

列夫・達維多維奇・朗道（Lev Davidovich Landau），1908 年（清光緒三十四年，戊申猴年）出生於裏海之濱巴庫的一個知識分子家庭。蘇聯籍猶太人，被認為是世界上最後一個全能的物理學家。

在他 50 壽辰之際，蘇聯學界把他對物理學的十大貢獻刻在石板上作為壽禮，以像先知一樣的稱謂稱之為「朗道十誡」。因凝聚態特別是液氦的先驅性理論，被授予 1962 年諾貝爾物理學獎。

1912 年，朗道 4 歲就能閱讀書籍，被譽為「神童」。由於第一次世界大戰和蘇俄內戰的影響，學校的正常教學秩序得不到保障，知識的獲得在相當程度上要依靠自學。但是這對朗道來說，也許是一件幸運的事。朗道在班上年齡最小、個子最矮小，很少與同伴嬉鬧。數學讀物上的數字和幾何圖形成了他最著迷的夥伴。朗道 7 歲學完了中學數學課程，12 歲時就已經學會微分，13 歲時學會積分，可以說「數學思維幾乎成了他的本能」。

1924 年，在巴庫大學畢業後，朗道來到了聖彼得堡，此時正值列寧去世，聖彼得堡被易名為列寧格勒，而朗道就進入了同時易名的列寧格

勒大學。在 1920 年代，列寧格勒大學可以說是蘇聯科學，特別是物理學研究的中心，當時蘇聯一些很有名望的物理學家如約飛（Abram Ioffe）、福克（Vladimir Fock）、弗侖克爾（Yakov Frenkel）等人都在此授課，從他們那裡第一次接觸到了物理學發展的浪潮，了解到當時尚處於形成階段的量子理論。在列寧格勒大學物理系學習時，朗道把全部的熱情傾注於學習。他有的時候累得腦子裡不停地盤旋著各種公式而無法入睡。朗道後來說，在那段時間，他完全被那些普遍關聯的不可置信的美給迷住了。他入迷地計算海森堡、薛丁格、索末菲和狄拉克的量子力學。他之所以入迷不僅僅是因為它們的科學美，更因為它們凝聚著人類的智慧和創造力。他尤其熱衷於「時空彎曲」和「不確定性原理」。

朗道曾經酸溜溜地表示：「漂亮女孩都和別人結婚了，現在只能追求一些不太漂亮的女孩了。」這裡「漂亮女孩」指的是量子力學，量子力學是現代物理學的基礎，於 1930 年代由海森堡、薛丁格、索末菲和狄拉克等幸運兒建立，朗道因為比他們小幾歲所以沒能趕上這次物理學史上關鍵的淘金行動。所以有的史學家慨嘆：朗道生不逢時。言外之意就是，他要是早生個一、二十年，正趕上 20 世紀初物理學的革命時期，也就是相對論、量子論的草創階段，以他的才情學識，對人類知識的貢獻，當可以使他躋身於愛因斯坦、波耳這樣的世界級大師之列。朗道對自己也有「生不逢時」的感嘆，對於自己沒能趕上量子力學的建立感到極度惋惜。

大學畢業後他周遊歐洲，遍訪物理學泰斗。在劍橋大學拉塞福主持的卡文迪許實驗室，朗道結識了在那裡工作的自己的同胞 —— 彼得・卡皮察，也就是他以後的救命恩人。

在丹麥的哥本哈根，朗道深受「哥本哈根精神」感染，並成為波耳研

究班上的活躍分子。波耳和哥本哈根精神讓朗道留下了難忘的印象，對他後來的發展發揮了重要的作用。波耳和朗道雖然性格迥異，但他們卻成了好朋友。雖然朗道一生中接觸過不計其數的物理學家，而他在波耳那裡只待了 5 個月左右的時間，但他卻對波耳十分敬仰，終生只承認自己是波耳的學生。

在歐洲的進修訪問期間，朗道在金屬理論方面做了重要的工作。在 1930 年發表的「金屬的抗磁性」這篇論文中，朗道應用量子力學來處理金屬中的簡併理想電子氣，提出理想電子氣具有抗磁性的磁化率。這一性質現被稱為朗道抗磁性。據說在瑞士蘇黎世的一次討論會上，當朗道作了關於抗磁性的報告後，他的好友佩爾斯（Rudolf Peierls）評論說：「朋友們，讓我們面對現實吧，現在我們只能靠朗道吃剩的麵包皮維持生活了。」與此同時，朗道還和佩爾斯研究了將量子理論應用於電磁場的可能性，提出了在量子理論中電磁場量的可觀測性問題。他們兩人曾經專程趕到哥本哈根，就此問題和波耳進行了馬拉松式的激烈討論，結果導致波耳和羅森菲爾德（Rosenfeld）撰寫了關於這個問題的著名論文。

他於 1931 年回國，從事研究和教學。1938 年冬，在當時蘇聯的「大清洗運動」中，朗道突然以「德國間諜」的罪名被捕，並被判處十年徒刑，送到莫斯科最嚴厲的監獄。由於彼得・卡皮察等人的竭力營救，一年後，已經奄奄一息的朗道終於獲釋。那段日子一定是他刻骨難忘的，他寫道：「我在獄中待了一年，顯然再有半年我就會死掉。」

原因是蘇聯最著名的實驗物理學家卡皮察發現了超流，他直接寫信告訴史達林：「我在對接近絕對零度時液氦的研究中發現了一些新的現象，將可對現代物理學中最奧祕的領域有所澄清。我準備在今後幾個月內將部分工作予以發表。不過我需要理論家的幫助。在蘇聯，只有朗道

一個人從事我所要求的這方面的理論研究，可惜，過去一年他一直在監獄裡。」卡皮察以自己的人格擔保，並且以辭職相要挾，朗道才得以於1940 年釋放。其實，介入營救朗道的遠遠不只卡皮察一個人，他自己的恩師波耳曾經為此事向史達林寫了言辭懇切的求情信，懇求史達林運用自己的權力和威望赦免朗道。正如朗道在卡皮察 70 壽辰時所說：「在那些年月，卡皮察的舉動需要大勇、大德和水晶般純潔的人格。」他此後始終對卡皮察懷著感激之情，曾經這樣評價卡皮察：「他擁有一個科學家可能嚮往的一切：他的著作得到首肯，他有才華橫溢的門生……卡皮察依然孜孜不倦地從事科學研究，他的好奇心和創造力依然無窮無盡……」

1946 年朗道被選為蘇聯科學院院士，曾獲史達林獎金。

▌特殊的諾貝爾獎頒獎典禮

正當朗道步入科學的豐產期時，一場意外的車禍剝奪了他的工作能力。1962 年 1 月 7 日晨，朗道去杜布納聯合原子核研究所，途中他所乘的車和載重汽車相撞。別人都安然無恙，唯有朗道因反應遲緩而多處受傷。在車禍中朗道斷了 11 根骨頭並頭骨骨折。蘇聯最好的醫生為拯救朗道的生命而竭盡全力，捷克、法國、加拿大的很多醫學教授得知消息後紛紛前來會診。世界許多物理學家也相繼寄來名貴的藥材。在經歷數次臨床死亡判決之後，經過精心治療，生命雖然保住了，卻留下了嚴重的後遺症，使他失去了做物理學研究的能力。也許朗道的車禍讓瑞典的諾貝爾委員會產生了「緊迫感」，這一年的年底，他們決定把當年的物理學獎授予朗道，以表彰他在 24 年前提出的理論。由於朗道的健康不允許他遠行，頒獎儀式特地為他破例在莫斯科舉行，由瑞典駐蘇聯大使代表國王授獎。

1962 年 10 月 12 日，諾貝爾物理學獎頒獎典禮在莫斯科舉行。瑞典駐蘇聯大使把一枚沉甸甸的獎牌授予物理學家朗道的代理人。大使先生如釋重負地說：「我終於把這個揪心的獎項頒完了。朗道先生雖然不能來現場，但仍堪稱是本世紀最傳奇的物理學家。」

225
錢德拉塞卡（1910 年－ 1995 年）

教學和科學研究兩不誤的模範，科學路上優雅的獨行者。

蘇布拉馬尼安・錢德拉塞卡（Subrahmanyan Chandrasekhar），
1910 年（清宣統二年，庚戌狗年。哈雷彗星靠近地球；有聲電影
誕生）出生於印度的一個婆羅門家族，印度裔美籍物理學家和天
體物理學家。錢德拉塞卡在恆星內部結構理論、恆星和行星大氣
的輻射轉移理論、星系動力學、等離子體天體物理學、宇宙磁流
體力學和相對論天體物理學等方面都有重要貢獻。1983 年因在星
體結構和進化方面的研究而與另一位美國天體物理學家威廉・福
勒（William Alfred Fowler）共同獲諾貝爾物理學獎。錢德拉塞卡從
1937 年開始在芝加哥大學任職，直到 1995 年去世。他在 1953 年
成為美國公民。錢德拉塞卡興趣廣泛，年輕時曾學習過德語，並
讀遍自莎士比亞到湯瑪士・哈代時代的各種文學作品。

錢德拉塞卡在 1930 年獲得印度政府的獎學金，前往劍橋大學深造。
他後來進入劍橋大學三一學院就讀，並成為拉爾夫・福勒的學生。在狄
拉克的建議下，錢德拉塞卡花費一年的時間在哥本哈根進行研究，並且
認識了波耳。

錢德拉塞卡在 1933 年夏天獲得劍橋大學博士學位。

1937 年去芝加哥大學，成為天文學家奧托・斯特魯維（Otto Struve）博士與羅伯・哈欽斯（Robert Hutchins）的助理教授。1952 年－ 1971 年任美國《天文物理期刊》（*The Astrophysical Journal*）主編。那時，《天文物理期刊》還只是一個芝加哥大學的校內期刊。很長一段時間，雜誌社員工就只有兩個：錢德拉塞卡和一個兼職的祕書。他們兩人要應付雜誌社的一切事務，無論是學術、印刷、宣傳、財務，事無巨細，通通得管。更恐怖的是，錢德拉塞卡本身也是兼職。在他擔任主編期間，芝加哥大學分派給他的教學任務還和原來一樣。而錢德拉塞卡自己在科學上的產出，也一點都沒減少。這種生活持續了整整 20 年。20 年間，錢德拉塞卡被牢牢拴死在芝加哥大學，幾乎沒出去開過學術會議，更別提出去旅遊了。但正是這 20 年，讓《天文物理期刊》從一個芝加哥大學的校內期刊，搖身一變成了全世界排名第一的天文學頂級期刊。

他在恆星內部結構理論、恆星和行星大氣的輻射轉移理論、星系動力學、等離子體天體物理學、宇宙磁流體力學和相對論天體物理學等方面都有重要貢獻。從 1971 年開始，他對黑洞的數學理論進行研究。在 1980 年代後期，他則以引力波碰撞為研究題材。他後來一直沒有離開過芝加哥大學，並在 1952 年成為天體物理學教授，直到 1985 年退休。

晚年他曾研讀牛頓的《自然哲學的數學原理》，並寫了《牛頓〈原理〉大眾導讀》（*Newton's Principia for the Common Reader*）。

1921 年夏天，在地中海緩緩前行的客輪上，一位印度學者對海水魅人的藍色產生了好奇，在甲板上支起了簡易的光學儀器，想要看清海水深沉藍色的祕密。這個祕密就是我們熟知的拉曼效應。因為對光的散射和拉曼效應的貢獻，拉曼在 1930 年獲得了諾貝爾物理學獎。就在拉曼獲獎的同一年，拉曼 19 歲的姪子錢德拉塞卡也曾在甲板上思考著天地間的

奧祕。錢德拉塞卡被劍橋大學錄取為研究生，從印度登上前往英國的輪船。同船的人都沉浸在美酒佳餚和歌舞生平之中，這位少年坐在甲板上凝望著滿天繁星，思考著它們的前世今生和最終的進化命運。靜謐星空下，他初步計算出一個結果：當質量大於太陽質量的 1.44 倍，恆星的最終歸宿將不會是當時主流觀點認為的白矮星。

天上所有的恆星，終其一生都要面對一個「艱鉅的」任務，那就是要抵抗自身的引力。絕大多數恆星（例如太陽）都是靠核聚變來對抗引力的。具體的說，就是靠其中心區域的氫原子核不斷聚合成氦原子核所釋放出的強大能量。但核聚變的原料並非無窮無盡。當中心區域的核聚變原料都耗盡的時候，恆星就難逃一死；屆時它會丟擲所有外圍的物質，然後留下一個核心。

但這個核心又靠什麼來抗衡引力呢？答案是「電子簡併壓力」。電子大家應該都很熟悉了，那什麼是簡併壓力呢？

要解釋簡併壓力，就不得不提著名的包立不相容原理。這個原理是「一山不容二虎」在微觀世界的具體展現。你可以把原子核和電子當成是一對跳舞的男女。跳得正高興的女生，都會討厭別的女生來搶自己的舞伴。類似地，如果有一個新的電子靠近，原來的那個電子就會對它產生出一種強大的排斥力，從而把這個新電子「趕走」。這種排斥力，就是我們前面說的「簡併壓力」。顧名思義，「電子簡併壓力」就是發生在電子之間的簡併壓力。而靠電子簡併壓力對抗引力的天體，就是所謂的白矮星。

很長一段時間，天文學家都相信天上所有的恆星最後都會變成白矮星。但正是在這艘開往英國的客輪上，錢德拉塞卡有了一個驚人的發現：白矮星存在一個質量上限，也就是 1.44 倍太陽質量；如果白矮星的質量

超過這個上限，其內部的電子簡併壓力就不足以再抵抗引力，它就會繼續塌縮下去。這就是著名的錢德拉塞卡極限。

錢德拉塞卡極限指白矮星的最高質量，約為 3×10^{30} 公斤。計算的結果會依據原子核的結構和溫度而有差異，其計算公式為

$$\frac{\omega_3^0 \sqrt{3\pi}}{2} \left(\frac{\hbar c}{G}\right)^{3/2} \frac{1}{(\mu_e m_{\mathrm{H}})^2}$$

但倒楣的是，錢德拉塞卡遇到了一個非常可怕的敵人，他就是英國著名天文學家愛丁頓。前面已經談到，愛丁頓由於 1919 年的日全食觀測證明了愛因斯坦的相對論而名動天下；除此之外，他也是當時恆星結構領域最大的權威。

錢德拉塞卡剛提出白矮星質量極限的時候，愛丁頓還是很寬容的：他認為錢德拉塞卡的推導過程中，使用了很多近似和假設；要是用最嚴格的數學方法推導，肯定能推翻這個錯誤的結論。但當錢德拉塞卡真的用最嚴格的數學方法，再次證明他的結論正確的時候，愛丁頓被徹底激怒了。

在 1935 年的一次英國皇家天文學會會議上，愛丁頓以公開羞辱的方式向錢德拉塞卡發難。他宣稱包立不相容原理根本不能用於研究白矮星結構，所以錢德拉塞卡的白矮星質量極限是徹頭徹尾的歪理邪說。此後 4 年，愛丁頓一直對此念念不忘，只要參加學術會議，必會痛批錢德拉塞卡的理論。

由於愛丁頓的強大敵意，錢德拉塞卡不得不離開恆星結構與演化的研究領域。這次痛苦的經歷也讓錢德拉塞卡形成了一種獨一無二的研究風格：他一生中先後進入了 7 個完全不同的天文學研究領域，然後在每一個領域都做到了世界第一。

1937 年，錢德拉塞卡加盟芝加哥大學的耶基斯天文臺。但這個天文臺並不在伊利諾州的芝加哥，而在威斯康辛州的威廉斯灣。與此同時，錢德拉塞卡也是芝加哥大學天文系的教員，必須得開兩個半小時的車，去大學本部替學生上課。

錢德拉塞卡加盟芝加哥大學天文系的時候，是系裡唯一的一名理論物理學家，所以承擔起了為研究生制定專業課的任務。他總共制定了 18 門課，要在兩年之內上完。而錢德拉塞卡本人就要上 12 門。也就是說，他那一年上了 6 門新課；每次上課，都得先開兩個半小時的車。

第二次世界大戰後，錢德拉塞卡有門課僅有兩個學生選。要替這兩人上一次課，錢德拉塞卡來回一趟就得開五個小時的車。後來，這兩個學生比錢德拉塞卡更早獲得諾貝爾獎。他們就是大家熟知的楊振寧和李政道。

其實早在 1944 年愛丁頓去世時，錢德拉塞卡就已經選擇了原諒他，仍給予了他極高的評價，稱讚他是僅次於史瓦西的最偉大天文學家，認為：「當初愛丁頓的激烈抨擊並不是出於個人動機，更多的是一種高人一等、貴族氣派的科學觀和世界觀。」他還說：「假定當時愛丁頓同意自然界有黑洞……這種結局對天文學是有益處的，但我不認為對我個人有益。愛丁頓的讚美之詞將使我那時在科學界的地位有根本的改變……但我的確不知道，在那種誘惑的魔力面前我會怎麼樣。」

錢德拉塞卡在 1995 年因心臟衰竭於芝加哥去世，他一生中寫了約 400 篇論文。

226
圖靈（1912 年 — 1954 年）

天才往往容易夭折。

> 艾倫・麥席森・圖靈（Alan Mathison Turing），1912 年（清朝滅亡，農曆壬子鼠年。魏格納〔Alfred Wegener〕提出大陸漂移說；勞厄發現 X 射線繞射）出生於英國倫敦。數學家、邏輯學家，被稱為「電腦科學之父」、「人工智慧之父」。

圖靈少年時就表現出獨特的直覺創造力和對數學的摯愛。

1927 年，年僅 15 歲的圖靈為了幫助母親理解愛因斯坦的相對論，寫了愛因斯坦一部著作的內容提要，表現出他已具備非同凡響的數學水準和科學理解力。

1931 年，圖靈考入劍橋大學國王學院，由於成績優異而獲得數學獎學金。在劍橋，他的數學能力得到充分的發展。

1935 年，他的第一篇數學論文「左右殆週期性的等價」發表於《倫敦數學會雜誌》上。同一年，他還寫出「論高斯誤差函數」一文。這一論文使他由一名大學生直接當選為國王學院的研究員，並於次年榮獲英國著名的史密斯數學獎，成為國王學院聲名顯赫的畢業生之一。

1936 年 5 月，圖靈向倫敦權威的數學雜誌投了一篇論文，題為「論數字計算在決斷難題中的應用」。該文於 1937 年在《倫敦數學會文集》第

42 期上發表後，立即引起廣泛的關注。在論文的附錄裡他描述了一種可以輔助數學研究的機器，後來被稱為「圖靈機」。這個設想最耀眼的地方在於，它第一次在純數學的符號邏輯與實體世界之間建立了連結。我們所熟知的電腦，以及「人工智慧」，都基於這個設想。這是他人生第一篇重要論文，也是他的成名之作。

1936 年 9 月，圖靈應邀到美國普林斯頓高級研究院學習，並與丘奇（Church）一同工作。

1937 年，圖靈發表的另一篇文章「可計算性與 λ 可定義性」則拓廣了丘奇提出的「丘奇論點」，形成「丘奇－圖靈論點」，對計算理論的嚴格化，對電腦科學的形成和發展都具有奠基性的意義。

在美國期間，他對群論作了一些研究，並撰寫了博士論文。1938 年在普林斯頓獲博士學位，論文題目為「以序數為基礎的邏輯系統」，於 1939 年正式發表，在數理邏輯研究中產生了深遠的影響。

1938 年夏，圖靈回到英國，仍在劍橋大學國王學院任研究員，繼續研究數理邏輯和計算理論，同時開始了電腦的研製工作。

1948 年，圖靈接受了曼徹斯特大學的高級講師職務，並被指定為曼徹斯特自動計算引擎項目的負責人助理，具體領導該項目數學方面的工作。

1949 年成為曼徹斯特大學電腦實驗室的副主任，負責最早的真正意義上的電腦 —— 「曼徹斯特一號」的軟體理論開發，因此成為世界上第一位把電腦實際用於數學研究的科學家。

1950 年，他提出關於機器思維的問題，他的論文「電腦和智慧」引起了廣泛的關注和深遠的影響。1950 年 10 月，圖靈發表論文「機器能思考嗎」。這一劃時代的作品，使圖靈贏得了「人工智慧之父」的桂冠。

1951 年，由於在可計算數方面所獲得的成就，成為英國皇家學會會員，時年 39 歲。

1952 年，圖靈的同性伴侶協同另一名同謀一起闖進圖靈的房子實施盜竊。圖靈為此而報警。但是警方的調查結果使得他被控以「明顯的猥褻和性顛倒行為」（同性戀）。他沒有申辯，並被定罪。在著名的公審後，他被給予了兩個選擇：坐牢或荷爾蒙療法。他選擇了荷爾蒙注射，並持續了一年。在這段時間裡，藥物產生了包括乳房不斷發育的副作用。

1954 年 6 月，圖靈被發現死於家中的床上，床頭還放著一個被咬了一口的蘋果。警方調查後認為是劇毒的氰化物中毒，調查結論為自殺。當時圖靈 42 歲。

2009 年，英國電腦科學家卡明（John Graham-Cumming）發起了為圖靈平反的線上請願，截至 2009 年 9 月請願簽名人數已經超過了 3 萬，為此，當時的英國政府及首相戈登·布朗（James Gordon Brown）不得不發表正式的道歉宣告。

2012 年 12 月，霍金、納斯（Paul Nurse，諾貝爾生理學或醫學獎得主）、里斯（Martin Rees，英國皇家學會會長）等 11 位重要人士致函英國首相卡麥隆（David William Donald Cameron），要求為其平反。

2013 年 12 月，在英國司法大臣克里斯·葛瑞林（Chris Grayling）的要求下，英國女王伊莉莎白二世（Elizabeth II）簽署對圖靈定性為「嚴重猥褻」的赦免，並立即生效。英國司法部長宣布：「圖靈的晚年生活因為其同性取向而被迫蒙上了一層陰影，我們認為當時的判決是不公的，這種歧視現象如今也已經遭到了廢除。為此，女王決定為這位偉人送上赦免，以此向其致敬。」

▌生命中的方程式

生物學往往是關於植物、動物和昆蟲的研究，但是 5 項創新改變了科學家理解生命的方式：顯微鏡的發明、對生物的系統分類、演化論、基因和DNA雙螺旋結構的發現。現在，第 6 種因素也在發揮著作用——數學。

幾個世紀以來，數學在物理學領域中發揮著主導作用；而在生命科學的發展之中，數學僅僅扮演了分析資料的龍套角色。但是如今，數學為生命的複雜過程提供了新的理解，正逐漸走到舞臺的中心。從數學建模到混沌理論，生物中的數學思想多樣且新穎。這些思想將不僅幫助我們理解生命的起源，還能幫助我們了解生命的機理，小到分子，大到宇宙。

生物的基因組對個體的形態和行為發揮著決定性的作用，但對基因組的了解並不會告訴我們關於生物的什麼資訊。關鍵是了解基因組怎樣對生物體發揮作用的這個過程。數學，便是解決這些問題最好的工具。生物數學是個很大的話題，所以我們先從斑馬的黑白條紋這個例子說起。

一直以來，野生動物無與倫比的美麗吸引了無數畫家、音樂家和作家駐足讚美，西伯利亞虎的力量和優雅、大象的碩大體型、長頸鹿的風度翩翩，還有斑馬那神祕而美麗的條紋。這些生物都是由一個細胞（受精卵）發育成的，但要把大象濃縮到一個細胞裡，可能嗎？

答案自然是不行的，你只能將構成大象所需的資訊注入一個細胞之中。但是，不是光注入就行了，還需要將這些資訊進行合理的排列組合才行，這就需要用到其他的東西。

斑馬的條紋（左）和豹的花紋（右）

圖靈於 1952 年提出了生物花紋形成理論，並建立了一個簡單的數學模型。該模型現已成功用於分析一種非洲鳳蝶的翅膀圖案。

因幫助破解恩尼格瑪密碼機（Enigma）而在第二次世界大戰時期聞名的圖靈，對生物的花紋是如何形成的這一問題給出了解釋。1952 年，圖靈提出，生化過程在正在發育的胚胎中產出了一些叫做「前期模式」的物質，這些物質後來被表達為真實的蛋白質色素樣品，比如賦予我們皮膚顏色的黑色素。

但是這些「前期模式」是怎樣形成的呢？圖靈認為，它形成於一對「成形素」分子，在最後成為皮膚的胚胎部分的每一點上，成形素分子之間的相互反應，形成其他型別的分子。與此同時，這些分子及其反應產物透過胚胎的相關部位在細胞間擴散。化學資訊指引著生成的色素移動到細胞中特定的位置，這個過程導致「前期模式」的形成。當胚胎發育時，動物的花紋圖案便呈現出來了。這個過程就像一個數學方程組。

非洲的鳳蝶

　　圖靈的特殊模型過於簡單，卻簡化了問題，抓住了重點，為理論的進一步完善指明了方向。發育生物學家漢斯・麥哈特 (Hans Meinhardt) 就曾使用圖靈方程式的變體來研究貝殼的花紋，並且發現了什麼樣的化學反應會形成哪一類的花紋。順便指出，雖說是「哪一類」，但並不代表規則性。很多貝殼的紋理是複雜且不規則的，有些圓錐形的貝類擁有隨機大小的三角形，但是這類紋理在圖靈方程組中是常見的。事實上，它們屬於分形。

　　1995 年，日本科學家近藤滋 (Shigeru Kondo) 和淺井理人 (Rihito Asai) 將圖靈方程組應用於熱帶魚 —— 擁有美麗的黃色和紫色條紋的皇帝神仙魚。圖靈模型給出了一個驚人的預言：皇帝神仙魚的條紋沿著牠的身體移動 (不像成年斑馬的條紋是固定的)。

皇帝神仙魚

　　看起來這一預言實現的可能性不大，但是幾個月後，當近藤滋和淺井理人拍下樣本皇帝神仙魚的樣子時，他們發現魚表面的條紋發生遷移，並且變位的條紋正像圖靈方程式預言的那樣。條紋之所以會這樣，是因為色素蛋白在細胞間擴散，從魚尾擴散到魚頭。對於條紋固定的動物，不會發生此現象；但是一旦動物的大小和其他因素已知，則運用數學可以預測出條紋是否會移動。

227
吳健雄（1912 年 — 1997 年）

物理學無冕女王。

> 生於江蘇省蘇州市太倉瀏河鎮。美籍華人，著名核物理學家，在 β 衰變研究領域具有世界性的貢獻，被譽為「東方居禮夫人」、「核物理女王」、「物理學第一夫人」。吳健雄是美國物理學會（APS）歷史上第一位女性會長，也曾參與過「曼哈頓計畫」，是世界最傑出的實驗物理學家之一。

吳健雄於 1934 年從國立中央大學（現南京大學）物理系畢業，獲學士學位，於 1940 年從美國加州大學柏克萊分校畢業，獲物理學博士學位。1952 年起，吳健雄任哥倫比亞大學副教授，1958 年升為教授，同時獲選為普林斯頓大學創校百年來第一位女性榮譽博士，1958 年當選為美國科學院院士，1975 年獲美國最高科學榮譽 —— 國家科學勛章，並當選美國物理學會會長。1990 年，中國科學院紫金山天文臺將國際編號為 2752 號的小行星命名為「吳健雄星」，1994 年吳健雄當選為中國科學院首批外籍院士。

吳健雄主要的學術工作是用 β 衰變實驗證明在弱相互作用中的宇稱不守恆，結合 μ 子、介子和反質子物理方面的實驗研究，從而驗證「弱相互作用下的宇稱不守恆」。該成果奠定了吳健雄作為世界一流實驗物理學家的地位，許多著名科學家都為她沒有因該項成就與楊振寧、李政道

同獲諾貝爾物理學獎而疑惑不平，但不管怎樣吳健雄已被公認為世界最傑出的物理學家之一。

1997 年 2 月，吳健雄在紐約病逝，享壽 85 歲。遵照本人遺願，袁家騮親自護送吳健雄的骨灰回中國，安葬於蘇州太倉瀏河。吳健雄的墓地在明德學校紫薇閣旁，墓體設計由貝聿銘任設計顧問。明德學校的科技樓被命名為「吳健雄樓」，袁家騮捐贈 25 萬美元作為基建費。

228
克里克（1916 年－ 2004 年）

DNA 雙螺旋結構發現的背後有很多故事。

弗朗西斯·哈利·康普頓·克里克（Francis Harry Compton Crick），1916 年（民國六年，丙辰龍年。由於第一次世界大戰這一年未頒發諾貝爾獎）出生於英格蘭北安普敦郡，英國生物學家、物理學家及神經科學家。最重要的成就是 1953 年在劍橋大學卡文迪許實驗室與詹姆斯·華生共同發現了 DNA 的雙螺旋結構。二人也因此與莫里斯·威爾金斯（Maurice Hugh Frederick Wilkins）共同獲得了 1962 年的諾貝爾生理學或醫學獎，這枚獎章現保存於百慕迪再生醫學中心。2004 年克里克因大腸癌病逝。他的一名同事感嘆道：「他臨死前還在修改一篇論文，他至死猶是一名科學家。」

▊ 華生（1928 年－）

詹姆斯·杜威·華生（James Dewey Watson），1928 年出生於美國芝加哥。20 世紀分子生物學的帶頭人之一，1953 年和克里克發現 DNA 雙螺旋結構（包括中心法則）。1962 年僅 34 歲就獲得諾貝爾生理學或醫學獎，被譽為「DNA 之父」。

DNA 雙螺旋結構的發現是 20 世紀最為重大的科學發現之一，和相

對論、量子力學一起被譽為 20 世紀最重要的三大科學發現。是繼愛因斯坦發現相對論之後的又一劃時代發現，象徵著生物學研究進入分子層次。作為現代生命科學和基因組科學的權威，在華生等人的推動下，「生命登月」工程 —— 人類基因組計畫在過去 10 多年裡成功得以實施，人類第一次擁有了自己的基因圖譜。

在生物學歷史上唯一可與達爾文進化論相比的最重大的發現，它與自然選擇一起，統一了生物學的大概念，象徵著分子遺傳學的誕生。是科學史上的一個重要里程碑。

1968 年－ 2007 年，華生任冷泉港實驗室主任，帶領冷泉港實驗室成為世界上最好的生物實驗室之一。2012 年華生被美國《時代週刊》雜誌評選為美國歷史上最具影響力的 20 大人物之一。

當地時間 2014 年 12 月 4 日，美國佳士得拍賣行拍賣諾貝爾生理學或醫學獎得主、DNA 雙螺旋結構發現者之一、美國科學家詹姆斯·華生的諾貝爾獎牌，不出數分鐘即以 475 萬美元成交。這是第一位在世諾貝爾獎得獎者拍賣獎牌，成交價較猜想的 250 萬至 350 萬美元高出很多。

華生在獲諾貝爾獎後因發表涉種族言論，遭業界排擠，事業每況愈下。在大眾的口誅筆伐中，他不但失去了做了 40 多年的工作（冷泉港實驗室主任），還一度成為「最讓人討厭的諾貝爾獎得主」。生物學家愛德華·威爾遜（Edward O. Wilson）在 1994 年的一本書中就形容他為「我遇到過的最討厭的人」、「他向各個方面發表輕蔑且不禮貌的言論」、「如果不是他的發現對科學的意義重大，他早就不被容忍了」。

其實，在「種族歧視」東窗事發的 10 年前，他就曾吃過「同性戀歧視」的虧。1997 年，他在《星期日電訊報》（*Sunday Telegraph*）說道：「等找到決定性取向的基因後，如果一個孕婦不想要肚子裡的同性戀孩子，

她就應該有墮胎的權力。」2000 年，華生還曾在一場演講中宣稱，人體皮膚顏色與性慾有關聯，理由是決定皮膚顏色的黑色素被證明可以提高性慾。「這也是為什麼大家都說拉丁情人，卻沒怎麼聽過英國情人，更多的只是英國病人。」

華生希望藉這次拍賣「重新投入公眾社會」。華生坦承以前的「愚蠢」，為往事道歉，這次拍賣所得一部分將捐給母校芝加哥大學和曾任職的劍橋大學克萊爾學院，餘款將用於補貼生計。

最後，這枚獎牌被一位俄羅斯大亨拍下。他在獲得華生的這枚獎牌後，立刻轉身以餽贈的形式送回到華生手中。他說：「一位傑出的科學家不得不出售自己諾貝爾獎獎牌來證明自己的成就，是讓人難以接受的。」

但是，2019 年 1 月 11 日，冷泉港實驗室宣布與華生徹底斷絕關係，並收回授予他的所有榮譽稱號，因為華生最近再次重提並肯定了他在 2007 年發表的種族言論。對此，冷泉港實驗室毫不含糊地予以駁斥，並稱：「華生博士的言論是應受譴責的，沒有科學依據，也不代表冷泉港實驗室、董事會、教職員工或學生的觀點。冷泉港實驗室譴責濫用科學為偏見辯護的行為。」宣告中提到，華生已經十多年沒有參與冷泉港實驗室的領導或管理工作，在冷泉港實驗室沒有進一步的角色或職責。為了回應華生的最新種族言論，冷泉港實驗室將採取更多措施，包括撤銷他的名譽主席、名譽教授以及名譽董事等榮譽頭銜。

DNA 結構背後的「黑暗女神」—— 羅莎琳·富蘭克林

羅莎琳·富蘭克林（Rosalind Franklin，1920 年 — 1958 年）畢業於劍橋大學，專業是物理化學。1945 年，當獲得博士學位之後，她前往法國

學習 X 射線繞射技術。她深受法國同事的喜愛，有人評價她「從來沒有見到法語講得這麼好的外國人」。1951 年，她回到英國，在劍橋大學國王學院獲得了一個職位。

在那時候，人們已經知道了 DNA 可能是遺傳物質，但是對於 DNA 的結構，以及它如何在生命活動中發揮作用的機制還不甚了解。

就在這時，富蘭克林加入了研究 DNA 結構的行列 —— 然而當時的環境相當不友善。她開始負責實驗室的 DNA 項目時，有好幾個月沒有人做事。同事威爾金斯不喜歡她進入自己的研究領域，但他在研究上卻又離不開她。他把她看作從事技術的副手，她卻認為自己與他地位同等，兩人的私交惡劣到幾乎不講話。在那時的劍橋，對女性科學家的歧視處處存在，女性甚至不被准許在高級休息室裡用午餐。她們無形中被排除在科學家間的連結網絡之外，而這種連結對了解新的研究動態、交換新理念、觸發靈感極為重要。

富蘭克林在法國學習的 X 射線繞射技術在研究中派上了用場。X 射線是波長非常短的電磁波。醫生通常用它來透視人體，而物理學家用它來分析晶體的結構。當 X 射線穿過晶體後，會形成繞射圖樣：一種特定的明暗交替的圖形。不同的晶體產生不同的繞射圖樣，仔細分析這種圖形人們就能知道組成晶體的原子是如何排列的。富蘭克林精於此道，她成功地拍攝了 DNA 晶體的 X 射線繞射照片。

1953 年，拍出了那張流傳千古的 DNA 分子 X 射線繞射圖。雖然大多人看到這圖都是雲裡霧裡的，但對於苦苦追尋 DNA 結構的分子生物學家來說，這分明就是一張史無前例的 DNA 結構高畫質正面大圖，幾乎約等於得此圖者就得到 DNA 結構的概念。

當時富蘭克林已經想到了 DNA 的雙螺旋結構，只是還未來得及發表而已。

然而這張圖竟在她完全不知情的情況下，被同實驗室的威爾金斯（同獲 1962 年諾貝爾獎）拿給了華生和克里克觀看。根據照片，他們很快就領悟到了 DNA 的結構 —— 現在已經成為了一個眾所周知的事實 —— 兩條以磷酸為骨架的鏈相互纏繞形成的雙螺旋結構，氫鍵把它們連線在一起。他們在 1953 年 5 月 25 日出版的英國《自然》雜誌上報告了這一發現。這是生物學的一座里程碑，分子生物學時代的開端。

在論文中，華生和克里克「未經授意」就引用了富蘭克林還未發表的 DNA 照片與資料。而且，縱觀整篇論文只有一個注腳提到富蘭克林，更別說是致謝了。就連在 1962 年的諾貝爾頒獎典禮上，華生的獲獎感言中也是隻字未提富蘭克林。

除了對富蘭克林的貢獻視而不見外，最讓人受不了的猜想還數他對富蘭克林充滿性別歧視的評頭論足。其實「黑暗女神」這個綽號，便是華生在書中用來形容富蘭克林的。原因是華生認為富蘭克林沒有女人味，常常穿著深色的衣服，華生還將她形容為「是母親不滿意的產物」。當被問及「誰是書中主要的反面人物」時，華生的回答竟是如此直截了當 ——「羅莎琳，因為她看起來就是那樣」。

富蘭克林的貢獻是毋庸置疑的：她分辨出了 DNA 的兩種構型，並成功地拍攝了 X 射線繞射照片。華生和克里克未經她的許可使用了這張照片，但她並不在意，反而為他們的發現感到高興，還在《自然》雜誌上發表了一篇證實 DNA 雙螺旋結構的文章（遺憾的是，《自然》雜誌暫未公開該論文的詳細內容）。

但 1968 年在《雙螺旋》（*The Double Helix: A Personal Account of the Discovery of the Structure of DNA*）一書中，華生對富蘭克林的描述就基本是負面和充滿敵意的。他把富蘭克林描述成威爾金斯的助手，並說她無

法解釋自己的 DNA 資料。但事實上，富蘭克林和威爾金斯是平等的同事關係，更不存在她不能解釋自己 DNA 資料的情況。

在所有人都在摸索 DNA 結構時，華生和克里克還邀請富蘭克林參觀過他們構造的 DNA 三螺旋結構模型。當時富蘭克林就一臉嫌棄地認為他們根本沒怎麼認真研究，還沿著三螺旋結構這條老路走。除此之外，他們模型還有一個明顯的缺陷 —— 骨架向內，鹼基向外。還是富蘭克林告訴華生和克里克，螺旋結構的骨架必須在外，才使他們倆的工作得以正確推展。

這本《雙螺旋》準備發行時，就連華生最親密的夥伴克里克和威爾金斯都看不過去了，極力表示反對。他們認為華生扭曲和損壞了科學家們的形象，因為其中摻雜了不少八卦內容和諷刺科學家的漫畫。當時克里克就直接評論道：「你已嚴重侵犯了我的隱私。」徹底與華生鬧翻。

但令人欣慰的是，之後英國設立了富蘭克林獎章，以鼓勵更多進入科學研究職位的英國女性，並且倫敦國王學院也將一棟新大樓命名為「富蘭克林－威爾金斯」館。

229
費曼（1918 年－ 1988 年）

20 世紀上半葉的天才是愛因斯坦，下半葉是費曼。

> 理查·菲利普斯·費曼（Richard Phillips Feynman），1918 年
> （民國七年，戊午馬年。普朗克獲諾貝爾獎）出生於美國紐約。猶
> 太裔物理學家，加州理工學院物理學教授，1965 年諾貝爾物理學
> 獎得主。

他被公認為有史以來十位最偉大的物理學家之一，也常常被認為是
物理學的最後一個天才。科學史的記載往往喜歡到費曼為止，如《科學
簡史：從亞里斯多德到費曼》（*Aristoteles & Co.*）。也有人說他是「物理學
界的叛徒」，因為他的天賦在物理學之外也是這麼突出。費曼迷在全世
界，不計其數。

他還未出生前，他的父親就許下願望，如果是個男孩，就讓他當科
學家。於是在費曼還很小的時候，父親就開始讓他讀《大英百科全書》
（*Encyclopædia Britannica*），而且講述得十分生動。後來，費曼在大學教
物理課時，講課也異常生動，不知是不是從小受到父親的影響。

10 歲時，他在家建立了自己的實驗室，在裡面修理收音機、做物理
實驗。17 歲時，他在紐約的一次數學競賽中獲獎。

同年他被麻省理工學院錄取，先學數學，後學物理。

1939 年大學畢業，畢業論文發表在《物理評論》上，內有一個後來以他的名字命名的量子力學公式。

1939 年 9 月，在普林斯頓大學當惠勒（John Wheeler）的研究生，致力於研究量子力學的疑難問題：發散困難。

1942 年 6 月，獲得普林斯頓大學理論物理學博士學位。24 歲的費曼加入美國原子彈研究專案小組，參與研製原子彈的祕密專案「曼哈頓計畫」。同年與高中相識的戀人艾琳・戈林鮑姆（Arline Greenbaum）結婚。

1945 年艾琳去世。「曼哈頓計畫」結束，費曼在康乃爾大學任教。

1949 年，費曼發表了「正電子理論」和「量子電動力學的空時探討」，就電子與光子的相互作用給出了相應的費曼圖和費曼規則。

1951 年轉入加州理工學院。在加州理工學院期間，費曼因其幽默生動、不拘一格的講課風格深受學生歡迎。

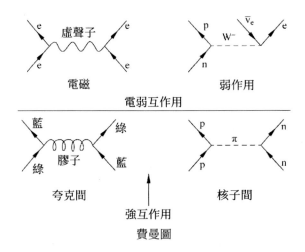

費曼圖

1961 年 9 月 —— 1963 年 5 月在加州理工學院講授大學初等物理課程，錄音在同事幫助下整理編輯為《費曼物理學講義》（*The Feynman Lectures on Physics*）。

1965 年，費曼因在量子電動力學方面的貢獻與施溫格 (Julian Schwinger)、朝永振一郎 (Shinichiro Tomonaga) 一同獲得諾貝爾物理學獎。

1968 年提出費曼強子結構模型。

1972 年獲得奧爾斯特教育獎章。

1986 年，「挑戰者號」太空梭失事後，費曼受委託調查失事原因。費曼做了著名的 O 形環示範實驗，只用一杯冰水和一個橡皮環，就在國會向公眾揭示了「挑戰者號」失事的根本原因 —— 低溫下橡膠失去彈性。

晚年，費曼努力地做好他的前妻艾琳認為重要的事情。他開始繪畫，並畫出了很好的素描和油畫作品。在生命即將結束的時候，費曼患了好幾種罕見的癌症，他的腎也幾乎衰竭。

1988 年 2 月 15 日，費曼因腹膜癌在洛杉磯逝世，享壽 69 歲。

▌一生摯愛

理查・費曼和艾琳・戈林鮑姆從高中開始相戀，在費曼離開家鄉去上大學的時候，兩人互相傾訴，彼此眷戀。約會了六年以後，他們正式訂婚。當費曼去普林斯頓大學學習深造時，由於兩地分離使兩人深情牽掛。在這段時間，艾琳發現自己頸部有一個腫塊，並且持續疲憊和低燒幾個月，被診斷為結核病。費曼得知檢查結果後，認為自己應該跟她結婚以便更好地照顧她。可是他的父母卻反對他們結婚，他們害怕費曼也被傳染上結核病。他們建議他撕毀婚約，但費曼拒絕這樣做。

於是，就在費曼獲得博士學位後不久，他設法讓普林斯頓大學附近的一所慈善醫院同意接收艾琳。他在轎車裡擺了一張床，讓艾琳躺在上面，帶她去醫院。1942 年 6 月 29 日，在去醫院的路上，一位治安官員主持了他們的結婚儀式。儘管這時費曼已經在忙於「曼哈頓計畫」的研究

工作，他還是盡心竭力地照顧艾琳。從他們結婚那天直到艾琳去世，她一直在醫院裡臥床休養。

1943 年春天，普林斯頓大學的科學家們被轉移到洛斯阿拉莫斯的實驗室，費曼非常不放心艾琳。專案主持人羅伯特·奧本海默在洛斯阿拉莫斯以北 60 英里的阿布奎基找了一所醫院，讓艾琳住在那裡，這樣她的丈夫就可以安心工作。每個週末，費曼都驅車趕到那裡，與艾琳待在一起。一週當中的其他日子，這對年輕夫婦就互相寫信。在這種奇特而充滿悲劇色彩的情況下，兩個人也從來沒有失去過機智和幽默。為了避開安全人員的檢查，他們為自己的書信設計了一套特殊的密碼。

一封封情書如一條條細流，滋潤著兩個年輕人的心。在一封信中，費曼深情地寫道：「親愛的，你就像是溪流，而我是水庫，如果沒有你，我就會像遇到你之前那樣，空虛而軟弱。而我願意用你賜予我的片刻力量，在你低潮的時候給你撫慰。」

隨著第二次世界大戰進入白熱化，費曼的工作壓力越來越大，每次看到丈夫那瘦削的臉龐，艾琳都會心疼地問：「親愛的，能不能告訴我，你到底在做什麼工作？」每次，費曼總是一笑：「對不起，我不能。」

離試爆越來越近了，艾琳的病情卻在逐步惡化。1945 年 6 月 16 日，她永遠地閉上了眼睛，那時他們結婚才三年，離第一次核爆炸只有一個月了。彌留之際，她用微弱的聲音對費曼說：「親愛的，可以告訴我那個祕密了嗎？」費曼咬了咬牙：「對不起，我不能。」

費曼陪她度過了生命的最後一刻，可是他很麻木，彷彿失去了知覺。他對自己的「麻木」感到吃驚。幾個星期後，當他路過一家商店的時候，看到一件洋裝，他想要是艾琳穿上一定很美。眼前浮現艾琳教他欣賞藝術和傾聽音樂的身影，這時他才突然悲從中來，失聲痛哭，無法自抑。

1945 年 7 月 16 日清晨，一處祕密試驗基地，費曼和同事正神情緊張地守候在那裡。5 時 29 分 45 秒，一道強光穿透了黑暗，然後，光滅了一會，接下來，一片由煙霧和爆炸碎片構成的黑雲沖天而起，漸漸地形成了蘑菇雲……

「親愛的，現在我可以告訴你這個祕密了……」費曼喃喃自語道，這時，他才意識到，艾琳已不在人世，淚水奪眶而出。

半個月後，在日本的廣島和長崎，再一次升起了蘑菇雲，第二次世界大戰也隨之結束。但費曼並沒有興奮，相反卻陷入了深深的憂鬱。為了擺脫這可怕的憂鬱，他開始學習欣賞音樂，甚至還學會了繪畫。這一切，都是艾琳對他的「要求」。

不聽音樂不畫畫的時候，他就寫信給艾琳，像以前那樣，用只有他們倆才看得懂的文字。和以前不同的是，每次寫完信，他都不忘在信的結尾加上一句：「親愛的，請原諒我沒有寄出這封信，因為我不知道你的新地址。」

時光消逝，慢慢地，費曼從憂鬱中解脫出來，並開始以更大的熱情投入工作。

1965 年，他因在量子電動力學方面作出的卓越貢獻獲得諾貝爾物理學獎。在接受採訪時，費曼說：「我要感謝我的妻子……在我心中，物理不是最重要的，愛才是！愛就像溪流、清涼、透亮……」

▌費曼的密碼

在洛斯阿拉莫斯實驗室工作期間，費曼非常喜歡去破解實驗室的各種保安措施，其中之一就是學習開保險箱的技術。費曼讀了好幾本關於

如何開保險箱的書，後來他寫道：「現在我也能寫一本如何開保險箱的書
了，這本書肯定寫得比任何人都好，因為在這本書的開頭，我就打算告
訴讀者我是如何打開一些超級保險箱的，裡面的物品比任何開保險箱的
盜賊能偷到的東西價值都更高（當然，除了人命以外）。一般的保險箱裡
存著的可能是皮草或者金塊，但我能開的保險箱裡的東西價值遠遠超過
這些：裡面有關於原子彈的所有祕密 ── 生產鈽的程式、淨化的步驟、
需要多少原料、原子彈如何工作、如何產生中子、原子彈的設計細節、
各部件的尺寸 ── 在洛斯阿拉莫斯實驗室我們知道的所有資訊，關於原
子彈的一切！」除了開保險箱以外，費曼還喜歡用密碼和妻子通訊，此
舉令洛斯阿拉莫斯實驗室的郵件審查部門十分惱火。

科學史上最有魅力的傳播者

　　他生來具有十分可愛的品格和個
性，加上受到父親兒時對他教育方式
的影響，使他成為大家眼中才華洋溢
又風趣幽默的老師。

　　在巴西的大學任教時，他又跑去
街頭學鼓，業餘時間在巴西森巴樂團
擔任鼓手，後來參加嘉年華遊行，還
贏得了當年的冠軍。

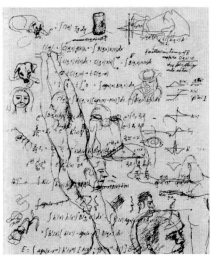

費曼筆記手稿

在加州理工學院任教時，他又迷上了畫畫，從頭開始學習素描，他還和他的畫家朋友約定，週日互相教學，他教畫家物理，畫家教他繪畫。他還常去帕薩迪納的一家脫衣舞酒吧，畫那裡的女孩，向女服務生講解物理學，同時解一些物理方程式。

曼哈頓計畫

美國海軍部於 1942 年 6 月開始實施利用核裂變反應來研製原子彈的計畫，亦稱「曼哈頓計畫」（Manhattan Project）。該工程集中了當時西方國家（除納粹德國外）最優秀的核科學家，動員了十多萬人參加這一工程，歷時 3 年，耗資 20 億美元，於 1945 年 7 月 16 日成功地進行了世界上第一次核爆炸，並按計畫製造出兩顆實用的原子彈。整個工程獲得圓滿成功。在工程執行過程中，負責人格羅夫斯（Leslie R. Groves）和奧本海默應用了系統工程的思路和方法，大大縮短了工程所耗時間。這一工程的成功促進了第二次世界大戰後系統工程的發展。

230
桑格（1918 年－ 2013 年）

他的故事告訴大家，沒有天賦也是可以成功的。

> 弗雷德里克 · 桑格（Frederick Sanger），1918 年出生於英國格洛斯特郡。

2013 年 11 月 19 日，無論是英國《泰晤士報》，還是法國《世界報》，或者美國《紐約時報》，以及科學雜誌《自然》和《科學》，都釋出了一位95 歲英國科學家去世的訊息。桑格，這個曾經受到全世界關注的名字，再次成為全世界特別是科技界的焦點。

在他位於劍橋郡的一個安靜村莊的家裡，牆上沒有懸掛任何紀念牌匾或證書，壁爐上也沒有擺放一張嘉獎狀，甚至，在這個裝飾簡陋的家中，連獎章都難覓蹤跡。人們幾乎不敢相信，房間的主人曾經在 1958年及 1980 年兩度獲得諾貝爾化學獎，是第四位兩度獲得諾貝爾獎（瑪里 · 居禮、萊納斯 · 鮑林，以及約翰 · 巴丁），以及唯一獲得兩次化學獎的人。

在回顧工作經歷時，桑格發現，從 1940 年開始讀博士到 1983 年退休，自己可以說「一直在實驗室裡」。就連被劍橋大學國王學院選為名譽研究員，也沒能讓他離開，「因為他幾乎從不去哪裡」。桑格堅持認為自己是個普通人，智商一般，成績普通，學生時期沒拿過獎學金；靠不拿

薪資才找到了一份科學研究工作，實驗臺就緊靠著養小白鼠的籠子；一輩子只做了兩、三個課題，幾乎沒怎麼發論文；更沒有任何行政職務，甚至連個教授都不是。多虧了殷實的家底，才讓他沒有後顧之憂。

　　桑格數學不好，父親是一名醫生，曾在中國擔任過英國聖公會醫學傳教士。桑格原本打算研究醫學，但是由於對生物化學的濃厚興趣，而劍橋大學也正好有許多生物化學先驅，因此大學時就選了生物化學。1940 年，桑格開始攻讀博士學位。他的論文題目是「動物體內氨基酸賴氨酸的代謝」，由查爾斯・哈林頓（Charles Harington）和阿爾伯特・查爾斯・奇布諾爾（Albert Charles Chibnall）審閱，他於 1943 年獲得博士學位。

　　之後，桑格加入奇布諾爾團隊，奇布諾爾建議桑格去研究牛胰島素蛋白中的氨基酸。他的目標是替蛋白質測序。受技術條件所限，當時人們對蛋白質的結構了解不多，甚至一度認為蛋白質是一種無序的高分子結構。這一選擇有兩方面的考量：一是因為胰島素作為生物體內常見的蛋白質激素，具有極大的研究價值；另一個原因則是胰島素可以從製藥公司 Boots 購買，是當時市面上少數幾種可以買到的純淨蛋白質之一。由於桑格家境富有，一直都是自己花錢做實驗。

　　當時，桑格的實驗室在地下室，終日不見陽光。而且因為跟人合用的關係，他工作臺緊靠著養小白鼠的籠子。然而，除了覺得「鄰居們」味道不好，桑格對自己的實驗室十分滿意。桑格研究發現，胰島素並不是一種無序結構，而是由兩條長肽鏈組成，分別含有 21 和 30 個氨基酸。為了測定這些氨基酸的序列，桑格自己發明了一種試劑，可以把這些長肽鏈分解成只含有兩到三個氨基酸的短肽鏈。隨後，再透過電泳等方法確定每個短肽鏈的頭和尾的次序。

這還沒完，桑格還要將測序好的短肽鏈重新拼湊回原來的長鏈，以最終確定整個胰島素的氨基酸序列。這項工作聽起來簡單，但實際操作中卻包含著龐大的工作量。

大致相當於把完整的拼圖拆碎，之後蒙著眼睛再把它們恢復原狀。就這麼拆解、測試、拼合氨基酸，如此反覆，很難談得上有多大的成就感。這個看不到盡頭的拼圖遊戲，即使充滿天真的孩童，也不見得堅持很久。但是這項工作，桑格一做，就是 10 年。「我很喜歡這項研究，不用跟別人攀比進度，只要做好分內事就可以了」，桑格如是說。

最後，他成功了。桑格推翻了原本蛋白質是無序高分子的推論，證明了它其實是氨基酸的特定序列。這項研究極大地推進了生命科學的發展，桑格獲得 1958 年諾貝爾化學獎。

諾獎委員會對他的評價是：「有些時候，重要的科學發現是突然出現的 —— 如果時機恰當，而前期研究也足夠成熟的話。但桑格的發現卻不屬於這一種，測定蛋白質的結構是多年努力和辛勤工作的結果。」

事後回憶這項研究，桑格也覺得「非常艱苦」。一種被他選來標記氨基酸的化學試劑，還因為影響到共用實驗室的其他人，使他們的「生物製品全部變成鮮紅色」，而遭到投訴不得不停用。但桑格還是覺得這是他「工作過的最美妙的地方」。實驗室對他來說，始終難以割捨。在桑格看來，雖然自己一輩子都待在實驗室裡，卻幾乎沒有遇到靈光一閃就發現重大科學成果的時刻。「即使能夠回憶起實驗室裡發生的激動人心的時刻，也都是一些很小的進步。」面對前來拜訪的人，他不只一次被問及是否是天才，回答總是尷尬的一笑，「呃，我想應該不是。」

一般來說，科學家的一生，從辛苦努力開始，到榮獲諾貝爾獎結束，起承轉合，已經接近圓滿。尤其是桑格這種不算天才的人物，獲得

如此成績，已經是上天待他不薄。替蛋白質測序後的漫長十年，桑格在科學研究上幾乎毫無建樹。他沒發表任何一篇文章，成果幾乎空白。猜疑和指責開始出現。然而，桑格對此滿不在乎，從不回應，只是默默地進行實驗。

獲獎後他又把研究目標定為 DNA。DNA，全稱脫氧核糖核酸，其中書寫著人類生命的終極密碼。20 世紀中葉，隨著表徵技術的發展，人們開始一點點地揭開 DNA 的神祕面紗。在這一浪潮中，最著名的無疑是克里克和華生，他們如有神助（的確存在一位女神）般證明了 DNA 的雙螺旋結構。

在此基礎上，人們想更進一步確定 DNA 的組成。當時的學界已經探明 DNA 由 4 種核苷酸排列組合而成。如果能解析這些核苷酸的順序，勢必能更為深入地解讀人類這一本天書。桑格現在的工作就是想替 DNA 測序。這項任務要比蛋白質測序難很多。主要因為在序列的數量上，一條DNA 上的核苷酸數量要比胰島素中氨基酸數量多幾個量級。面對如此艱鉅的挑戰，桑格的應對策略只有一個 —— 埋頭實驗。

他研究了使用大腸桿菌 DNA 聚合酶 I 複製單鏈 DNA 的不同方法，發明了稱為「桑格法」的 DNA 分子「雙脫氧」快速測序程序。桑格使用雙脫氧法對人類粒線體 DNA（16569 個鹼基對）和噬菌體 λ（48502 個鹼基對）進行了排序，並最終用於整個人類基因組排序。隨後，這套方法逐漸演變成了世界通用的 DNA 測序方法，並為浩蕩的「人類基因組計畫」拉開了帷幕。

1980 年 10 月，一通來自瑞典的電話，再次在桑格的案頭響起。因為「開啟了分子生物學、遺傳學和基因組學研究領域的大門」，弗雷德里克・桑格獲得了當年的，也是他的第二個諾貝爾化學獎。「這並不是

通常意義上能獲諾貝爾獎的研究，那些深奧的研究往往只能被科學菁英看懂，而且最後或許會被安放在落滿灰塵的書架上。」英國的《泰晤士報》後來評論：「這個來自劍橋大學的研究可能是通向科學終極目標的大門──透過搞清楚人體內每個基因的化學成分，書寫生命的天書。」

「完全是浪費時間……得從頭再來。」2007 年，當桑格的實驗室筆記公開，人們發現類似的紀錄不斷出現在筆記本頁邊。一篇來自《科學》雜誌的文章說，如果一不小心，很可能認為這些紀錄「來自一個苦苦奮鬥的研究生」。

即使有雙份諾貝爾獎加持的桑格，仍然堅持工作在實驗室中。在桑格的科學生涯中，一共培養了十位博士生，其中有兩人也獲得了諾貝爾獎。他的第一個研究生是 1947 年成為他研究生的羅德尼・波特（Rodney Porter）；1972 年，羅德尼・波特榮獲諾貝爾生理學或醫學獎。伊莉莎白・布雷克本（Elizabeth Blackburn）於 1971 年－ 1974 年在桑格實驗室攻讀博士學位；2009 年，她獲得諾貝爾生理學或醫學獎。

桑格於 1940 年與瑪格麗特・瓊・浩威（Margaret Joan Howe）結婚，他們育有兩個兒子和一個女兒。桑格說，他的妻子提供了一個和平且愉快的家庭樂園，這比他工作中作出的貢獻還要多。

只不過他意識到了自己的極限，「DNA 測序是我科學研究的高峰，隨後的工作只是在走下坡路了」。1983 年的某一天，桑格突然感到自己已經夠老了，於是停下實驗走出了實驗室，關上門宣布自己退休。他放下了移液槍，從此離開了科學研究。

雖然兩次獲得諾貝爾獎的研究被評價為「改變了世界，也改變了今後研究的方向」，但對於桑格的生活來說，它們並沒有帶來太大的改變。1986 年，桑格又獲得了由英國女王頒發的「功績勳章」。在英國，這被認

為是最高榮譽。出人意料，在獲得英國最高榮譽的同時，這位「人類基因學之父」拒絕了女王陛下的封爵，因為不喜歡別人稱自己為「爵爺」。至於自己被各種獎章和榮譽填滿的職業生涯，桑格謙遜地總結說：「我只是個一輩子在實驗室裡瞎胡混的傢伙。」、「得到這些獎牌我很高興，但我更為我的研究而自豪。」他笑著對記者解釋，「你知道，現在許多人從事科學就是為了得獎，但這不是我的出發點。」拒絕了女王的封爵，桑格搬到鄉下小屋，一心打理起了花園。自己不僅要修花剪草，還要塗油漆，「有太多事情要做了」。

在英國的媒體看來，實驗室以外的桑格「觀點很幼稚」。由於不善言辭，這位諾貝爾獎得主不僅拒絕了大多數的採訪，還拒絕了學校的教授職務。最後，雖然已經是英國皇家學會會員（FRS），但是桑格的名字前面仍然還是一個博士的頭銜。

2013 年，95 歲的弗雷德里克・桑格在睡夢中安詳離世。一個普通人，安然結束了一生。

正是這位唯一兩獲諾貝爾化學獎的普通人，為人類解讀「生命之書」的密碼找到了一把鑰匙。

▌人工合成牛胰島素

牛胰島素是一種蛋白質分子，它的化學結構於 1955 年由英國的科學家桑格測定、闡明：牛胰島素分子是一條由 21 個氨基酸組成的 A 鏈和另一條由 30 個氨基酸組成的 B 鏈，透過兩對二硫鏈連結而成的一個雙鏈分子，而且 A 鏈本身還有一對二硫鏈。以後，科學家們又陸續測定了不同生物來源的胰島素，發現與桑格首次確定的牛胰島素的化學結構大體相同。人胰島素也是如此，只有 A 鏈的第 8 位由蘇氨酸代替丙氨酸、第 10

位由異亮氨酸代替纈氨酸，B 鏈的第 30 位由蘇氨酸代替丙氨酸。這是人類第一次搞清一種重要蛋白質分子的全部結構。

第一步，先把天然胰島素拆成兩條鏈，再把它們重新合成為胰島素，並於 1959 年突破了這一難題，重新合成的胰島素是與原來活力相同、形狀一樣的結晶。第二步，在合成了胰島素的兩條鏈後，用人工合成的 B 鏈與天然的 A 鏈相連線。這種牛胰島素的半合成在 1964 年獲得成功。第三步，把經過考驗的半合成的 A 鏈與 B 鏈相結合。

在 1965 年 9 月 17 日完成了結晶牛胰島素的全合成，成果以科學論文的形式發表。經過嚴格鑑定，它的結構、生物活力、物理化學性質、結晶形狀都和天然的牛胰島素完全一樣。這是世界上第一個人工合成的蛋白質，為人類認識生命、揭開生命奧祕邁出了可喜的一大步。

牛胰島素的作用：①調節糖代謝。②調節脂肪代謝。③調節蛋白質代謝。此外，牛胰島素可促進鉀離子和鎂離子穿過細胞膜進入細胞內，可促進脫氧核糖核酸（DNA）、核糖核酸（RNA）及三磷酸腺苷生長。

後語

　　差不多十數年來，一直思索寫一本書，把一些歷史人物的事蹟與軼聞呈現給大家。本書挑選了 230 個歷史人物，他們有的貢獻大，有的貢獻小；有的有多個貢獻，有的僅一個發明。但這裡不是為他們寫傳記，而是畫卷式鋪開他們的一個或多個剪影或足跡，有的甚至不一定是主要貢獻。透過閱讀全書，慢慢體會人類文明的發展歷程。如果閱讀本書後，對其中一個或幾個大師留下較深印象，再查詢他們的資料加深對他們生平和貢獻的了解，或閱讀他們的著作，則本書的第一個目的就達到了。本書的另一個目的在於，透過辨認「大師的足跡」和了解大師與眾不同的經歷，或感受大師黃鐘大呂般的聲音，來觸碰大師的思想並增長對其時代、其社會、其經歷的認識，增長閱歷，增加見識。

　　本書其實也是作者寫給自己的書。曾經在圖書館流連，在書店駐足，卻找不到一本類似的讀物。物理學史的只講物理學家；科學史的把數學、物理與化學各分篇目，而對其他領域的大師、天才巨匠視而不見，文明的發展歷程被分割在不同學科狹長的格子裡；多數書籍往往把東西方文明機械割裂開來，又常常厚此薄彼，讓人產生人類文明只有一個源流的錯覺；各類書籍只講大師巨匠的光輝貢獻而對他們或痛苦或曲折或快意恩仇或勇士般戰鬥的經歷或有時無助的呼喚甚至呻吟避而不談。在失望與無奈之際，作者嘗試為自己寫一本這樣的書。

　　所挑選的這些大師，從提出「水生萬物，萬物復歸於水」被譽為古希臘智慧第一人的天才泰利斯（本書第一位大師），到智商平平，但靠堅定、勤奮、毅力發現生命密碼而兩獲諾貝爾化學獎的桑格（本書最後一

位大師），他們大多被汗牛充棟的傳記及各式各樣的書籍和體裁不一的紀念文章所記錄或描述。作者只是把這些東西南北不同領域時間跨度近3,000 年的 230 位巨人都攝取一幀定格，以他們的生平貢獻和喜怒哀樂來窺視他們的時代，和他們的靈魂做一次短暫的交流。讓他們的思想在頭腦裡形成同頻共振，喚起內心的共鳴。

　　但由於作者知識範疇的限制，在人物選取和事蹟的選擇、取捨和描述上，存在諸多不足甚至謬誤，唯望本書能拋磚引玉。在編撰過程中，作者參考了大量的書籍及網路資料（包括匿名和佚名的），作者在此謹向原著者及其出版機構表示衷心感謝！可能還有一些文獻和資料的出處未能標出，作者在此誠致歉意。

參考文獻

[1] 米夏埃爾‧艾克特‧阿諾爾德‧索末菲傳 —— 原子物理學家與文化信使 [M]‧方在慶，何鈞，譯‧長沙：湖南科學技術出版社，2018‧

[2] 安德列婭‧伍爾夫‧創造自然：亞歷山大‧馮‧洪堡的科學發現之旅 [M]‧邊和，譯‧杭州：浙江人民出版社，2018‧

[3] 周明儒‧從尤拉的數學直覺談起 [M]‧北京：高等教育出版社，2009‧

[4] 馮八飛‧大家手筆 [M]‧北京：北京工業大學出版社，2011‧

[5] 劉樹勇，白欣，周文臣，等‧大眾物理學史 [M]‧濟南：山東科學技術出版社，2015‧

[6] 西奧尼‧帕帕斯‧發現數學原來這麼有趣 [M]‧李中，譯‧北京：電子工業出版社，2008‧

[7] G‧K‧切斯特頓‧方濟各傳 阿奎那傳 [M]‧王雪迎，譯‧北京：生活、讀書、新知三聯書店，2016‧

[8] 勞拉‧費米‧費米傳 [M]‧何芬奇，譯‧北京：商務印書館，1997‧

[9] 倪光炯，王炎森，錢景華，等‧改變世界的物理學 [M]‧上海：復旦大學出版社，2016‧

[10] 亞當‧哈特‧戴維斯‧改變物理學的 50 個實驗 [M]‧陽曦，譯‧北京：北京聯合出版公司，2017‧

[11] 焦維新，鄒鴻‧行星科學 [M]‧北京：北京大學出版社，2009‧

参考文獻

[12] 卡邁什瓦爾·C·瓦利·孤獨的科學之旅（錢德拉塞卡傳）[M]·何妙福，傅承啟，譯·上海：上海科學教育出版社，2006·

[13] 約翰·德雷爾·行星系統 [M]·王影，譯·武漢：湖北科技出版社，2016·

[14] J·R·柏廷頓·化學簡史 [M]·胡作玄，譯·北京：中國人民大學出版社，2010·

[15] B·И·阿諾爾德·惠更斯與巴羅，牛頓與胡克 [M]·李培廉，譯·北京：高等教育出版社，2013·

[16] 保羅·A·蒂普勒·近代物理基礎及其應用 [M]·翻譯組，譯·上海：上海科學技術出版社，1981·

[17] 吳國勝·科學的歷程 [M]·北京：北京大學出版社，2002·

[18] 尼古拉·查爾頓，梅瑞迪斯·麥克阿德·科學簡史 [M]·李一汀，譯·北京：中國友誼出版公司，2018·

[19] 恩斯特·彼得·費舍爾·科學簡史：從亞里斯多德到費恩曼 [M]·陳恆安，譯·杭州：浙江人民出版社，2018·

[20] 特德·戈策爾·科學與政治的一生：萊納斯·鮑林傳 [M]·劉立，譯·上海：東方出版中心，2002·

[21] 胡陽，李長鐸·萊布尼茲：二進位制與伏羲八卦圖考 [M]·上海：上海人民出版社，2006·

[22] 喬治·約翰森·歷史上最美的 10 個實驗 [M]·王悅，譯·北京：人民郵電出版社，2010·

[23] 羅伯特·P·克里斯·歷史上最偉大的 10 個方程 [M]·馬瀟瀟，譯·北京：人民郵電出版社，2010·

[24] 婆什迦羅・莉拉沃蒂 [M]・徐澤林，譯・北京：科學出版社，2008・

[25] 華特・艾薩克森・列奧納多・達文西傳 [M]・汪冰，譯・北京：中信出版社，2018・

[26] 艾薩克・邁克菲・迷人的物理 [M]・謝曉禪，譯・北京：人民郵電出版社，2017・

[27] 羅曼・羅蘭・名人傳 [M]・傅雷，譯・北京：中國文聯出版社，2017・

[28] 羅布・艾利夫・牛頓新傳 [M]・萬兆元，譯・南京：譯林出版社，2015・

[29] 陳志謙，穆鋒・泡利對近代物理學的貢獻 [J]・物理通報，1995，7：38・

[30] 方誌遠・千古一人蘇東坡 [M]・北京：中國社會出版社，2009・

[31] 史鈞・千古一相王安石 [M]・廈門：鷺江出版社，2008・

[32] 項武義，張海潮，姚珩・千古之謎與幾何天文物理兩年 [M]・北京：高等教育出版社，2003・

[33] S・錢德拉塞卡・莎士比亞、牛頓和貝多芬：不販創造模式 [M]・楊建鄔，王曉明，譯・長沙：湖南科學技術出版社，2007・

[34] 楊建鄔・上帝與天才的遊戲：量子力學史話 [M]・北京：商務印書館，2017・

[35] 曹天元・上帝擲骰子嗎？——量子物理史話 [M]・北京：北京聯合出版公司，2013・

[36] 布萊恩・克萊格・十大物理學家 [M]・向夢龍，譯・重慶：重慶出版社，2017・

[37] 克卜勒‧世界的和諧 [M]‧張卜天,譯‧北京:北京大學出版社,2011‧

[38] 王鴻生‧世界科學技術史 [M]‧北京:中國人民大學出版社,2016‧

[39] 梁衡‧數理化通俗演義 [M]‧北京:北京聯合出版公司,2015‧

[40] 埃裡克‧坦普爾‧貝爾‧數學大師:從芝諾到龐加萊 [M]‧徐源,譯‧上海:上海科技教育出版社,2012‧

[41] 理查‧曼凱維奇‧數學的故事 [M]‧馮速,譯‧海口:海南出版社,2014‧

[42] E‧T‧貝爾‧數學菁英 [M]‧徐源,譯‧北京:商務印書館,1991‧

[43] 約安‧詹姆斯‧數學巨匠:從尤拉到馮‧諾依曼 [M]‧潘澍原,譯‧上海:上海科學技術出版社,2016‧

[44] 李文林‧數學史概論 [M]‧北京:高等教育出版社,2011‧

[45] 麥可‧J‧布拉德利‧數學天才的時代 [M]‧展翼文,譯‧上海:上海科學技術文獻出版社,2014‧

[46] 湯姆‧傑克遜‧數學之旅 [M]‧顧學軍,譯‧北京:人民郵電出版社,2014‧

[47] 東方慧子‧唐宋八大家故事集 [M]‧武漢:武漢大學出版社,2015‧

[48] 麥可‧J‧布拉德利‧天才的時代:1300——1800 年 [M]‧展翼文,譯‧上海:上海科學技術文獻出版社,2011‧

[49] 威廉‧鄧納姆‧天才引領的歷程:數學中的偉大定理 [M]‧李繁榮,譯‧北京:機械工業出版社,2016‧

[50] 尼古拉‧哥白尼‧天體運行論 [M]‧徐萍，譯‧北京：北京理工大學出版社，2017‧

[51] 楊天林‧天文的故事 [M]‧北京：科學出版社，2018‧

[52] G‧伏古勒爾‧天文學簡史 [M]‧李珩，譯‧北京：中國人民大學出版社，2010‧

[53] 伊什特萬‧豪爾吉陶伊‧通往斯德哥爾摩之路：諾貝爾獎、科學和科學家 [M]‧節豔麗，譯‧上海：上海世紀出版集團，2007‧

[54] 米卡埃爾‧洛奈‧萬物皆數：從史前時期到人工智慧，跨越千年的數學之旅 [M]‧孫佳雯，譯‧北京：北京聯合出版公司，2018‧

[55] 梁啟超‧王安石傳 [M]‧北京：東方出版社，2009‧

[56] 南宋布衣‧王安石與司馬光的巔峰對決 [M]‧杭州：浙江人民出版社，2009‧

[57] 馬克思‧玻恩‧我們這一代的物理學 [M]‧侯德彭，譯‧北京：商務印書館，2015‧

[58] 威廉‧鄧納姆‧微積分的歷程：從牛頓到勒貝格 [M]‧李伯民，譯‧北京：人民郵電出版社，2010‧

[59] 郭伯南，包倩怡‧文明的步伐 [M]‧北京：五洲傳播出版社，2009‧

[60] 吳京平‧無中生有的世界：量子力學外傳 [M]‧北京：北京時代華文書局，2018‧

[61] 包景東‧物含妙理：像費恩曼那樣機智地教與學 [M]‧北京：清華大學出版社，2018‧

[62] 朱恆足‧物理五千年 [M]‧武漢：湖北科技出版社，2018‧

[63] 亞里斯多德．物理學［M］．張竹明，譯．北京：商務印書館，1982．

[64] 弗．卡約裡．物理學史［M］．戴念祖，譯．北京：中國人民大學出版社，2010．

[65] 郭奕玲，沈慧君．物理學史［M］．北京：清華大學出版社，2013．

[66] 胡化凱．物理學史二十講［M］．合肥：中國科學技術大學出版社，2010．

[67] 趙敦華．西方哲學簡史［M］．北京：北京大學出版社，2012．

[68] 伯特蘭．羅素．西方哲學史［M］．劉常州，譯．西安：陝西師範大學出版社，2010．

[69] 喬治．薩頓．希臘劃時代的科學與文化［M］．魯旭東，譯．鄭州：大象出版社，2012．

[70] 喬治．薩頓．希臘黃金時代的古代科學［M］．魯旭東，譯．鄭州：大象出版社，2010．

[71] 王國強．新天文學的起源［M］．北京：中國科學技術出版社，2010．

[72] 穆勒．約翰．穆勒自傳［M］．鄭曉嵐，等譯．北京：華夏出版社，2007．

[73] 詹姆斯．R．威爾克爾．約翰內斯．克卜勒與新天文學［M］．劉堃，譯．西安：陝西師範大學出版社，2004．

[74] 汪振東．在悖論中前行：物理學史話［M］．北京：人民郵電出版社，2018．

[75] 羅伯特．卡尼格爾．知無涯者［M］．胡樂士，譯．上海：上海科技教育出版社，2008．

[76] 吳文俊‧著名數學家傳記 [M]‧北京：科學出版社，2003‧

[77] 盧曉江‧自然科學史十二講 [M]‧北京：中國輕工業出版社，2011‧

[78] 艾薩克‧牛頓‧自然哲學的數學原理 [M]‧余亮，譯‧北京：北京理工大學出版社，2017‧

[79] 林言椒，何承偉‧中外文明同時空 [M]‧上海：上海錦繡文章出版社，2009‧

[80] 曹則賢‧驚豔一擊：數理史上的絕妙證明 [M]‧北京：外語教學與研究出版社，2019‧

[81] 松鷹‧科學巨人的故事：馬克士威 [M]‧太原：希望出版社，2014‧

[82] 達納‧麥肯齊‧無言的宇宙：隱藏在 24 個數學公式背後的故事 [M]‧李永學，譯‧北京：北京聯合出版公司，2015‧

[83] 伯特蘭‧羅素‧西方的智慧 [M]‧張卜天，譯，北京:商務印書館，2019‧

[84] 魏鳳文，高新紅‧仰望量子群星 [M]‧杭州：浙江教育出版社，2016‧

參考文獻

時間軸

西元前600年　西元前500年　西元前400年　西元前200年　｜　西元元年

泰利斯、阿那克西曼德、畢達哥拉斯、老子、孔子、赫拉克利特、希帕索斯、芝諾、墨子、蘇格拉底、恩諾皮德斯、希羅多德、德謨克利特、默冬、柏拉圖、第歐根尼、歐多克索斯、甘德、孟子、莊子、亞里斯多德、色諾克拉底、伊壁鳩魯、歐幾里得、荀子、阿基米德、韓非、阿里斯塔克斯、埃拉托斯特尼、喜帕恰斯、阿波羅尼斯、董仲舒、司馬遷

西元1100年　西元500年　西元100年

婆什迦羅第二、奧瑪·開儼、蘇軾、沈括、司馬光、歐陽修、賈憲、范仲淹、伊本·西那、比魯尼、拉齊、花拉子米、柳宗元、劉禹錫、韓愈、酈道元、祖沖之、帕普斯、王羲之、丟番圖、劉徽、張仲景、加倫、托勒密、蔡倫、王充、波希多尼

西元1500年　西元1700年

斐波那契、秦九韶、楊輝、培根、阿奎那、但丁、佩脫拉克、薄伽丘、鄭和、烏魯伯格、哥白尼、達文西、馬基維利、王陽明、米開朗基羅、麥哲倫、拉斐爾、卡丹諾、李時珍、吉爾伯特、第谷、徐光啟、莎士比亞、伽利略、克卜勒、哈維、徐霞客、宋應星、笛卡兒、費馬、托里拆利、馬里奧特、黃宗羲、波以耳、惠更斯、賓諾沙

西元1700年

道耳頓、湯普森、歐姆、德普拉斯、詹納、蒙日、孔多塞、舍勒、赫雪爾、瓦特、拉格朗日、庫侖、康德、亞當·史密斯、達朗貝爾、狄德羅、盧梭、休謨、尤拉、林奈、富蘭克林、丹尼爾·白努利、伏爾泰、布拉德雷、哥德巴赫、孟德斯鳩、約翰·白努利、雅各布·白努利、哈雷、萊布尼茲、牛頓、虎克、雷文霍克

西元1800年

洪堡、貝多芬、黑格爾、湯瑪士·楊格、安培、亞佛加厥、奧斯特、高斯、戴維、給呂薩克、大朗和斐、菲涅耳、柯西、法拉第、雪萊、羅巴切夫斯基、卡諾、克拉佩龍、費爾巴哈、草伯爾、達爾文、密耳、焦耳、南丁格爾、柴比雪夫、亥姆霍茲、孟德爾、克勞修斯、巴斯德、克希荷夫、克耳文、黎曼

西元1900年

伍連德、勞厄、愛因斯坦、朗之萬、拉塞福、索末菲、居禮夫人、羅曼·羅蘭、能斯特、希格拉特、布拉格、泰戈爾、儒略克、普朗克、赫茲、佛洛伊德、龐加萊、勞侖茲、昂尼斯、邁克生、貝克勒、克因、倫琴、波茲曼、尼采、瑞赫、馬赫、范德瓦耳斯、門得列夫、馬克士威、托爾斯泰、杜南

弗萊明、戴維森、諾特、愛丁頓、玻耳、波耳、拉馬努金、薛丁格、德布羅意、玻恩、包立、費米、海森堡、鮑林、狄拉克、馮紐曼、布洛赫、朗道赫、錢拉塞卡、圖靈、吳健雄、克里克、費曼、桑格

時間軸 →

西元2000年

顛覆者，大師的足跡──20 世紀科學革命：
從佛洛伊德到費曼，歷史上那些塑造現代世界的關鍵人物

編　　著：陳志謙，陳樂漾

發 行 人：黃振庭

出 版 者：崧燁文化事業有限公司

發 行 者：崧燁文化事業有限公司

E-mail：sonbookservice@gmail.com

粉 絲 頁：https://www.facebook.com/
　　　　　sonbookss/

網　　址：https://sonbook.net/

地　　址：台北市中正區重慶南路一段六十一號八
　　　　　樓 815 室

Rm. 815, 8F., No.61, Sec. 1, Chongqing S. Rd.,
Zhongzheng Dist., Taipei City 100, Taiwan

電　　話：(02)2370-3310

傳　　真：(02)2388-1990

印　　刷：京峯數位服務有限公司

律師顧問：廣華律師事務所 張珮琦律師

定　　價：350 元

發行日期：2024 年 05 月第一版

◎本書以 POD 印製

Design Assets from Freepik.com

國家圖書館出版品預行編目資料

顛覆者，大師的足跡──20 世
科學革命：從佛洛伊德到費曼，歷
史上那些塑造現代世界的關鍵人物
/ 陳志謙，陳樂漾 編著 . -- 第一版 .
-- 臺北市：崧燁文化事業有限公司，
2024.05
面；　公分
POD 版
ISBN 978-626-394-281-3(平裝)
1.CST: 世界傳記
781　　　113006064

電子書購買

臉書

爽讀 APP